小公司财税管控全案

顾瑞鹏 —— 著

THE MANUAL FOR SMALL COMPANY FINANCE AND TAXATION

清华大学出版社
北京

内 容 简 介

本书结合最新的企业财税政策，通过系统的财税管理与控制方案让企业尤其是中小企业财务管理摆脱无顶层设计、算不清账、资金周转慢、税费负担重、税务风险高、看不懂报表、利润增长难、成本浪费严重等这些常见的问题。帮小公司老板建立"财税思维"，为企业老板和相关人员学习财税提供一条捷径，手把手地教企业老板看懂财务报表、灵活运用财务数据。彻底解决靠感觉管理企业、成本不断攀升、现金流效率低、报表存在"糊涂账"、税务负担重、涉税风险高等问题，真正实现"向财税要效益"的企业经营目标，推动企业价值快速提升！是专门为小公司老板、控制人、财务人员量身打造的财税管理书。

本书封面贴有清华大学出版社防伪标签，无标签者不得销售。
版权所有，侵权必究。举报：010-62782989，beiqinquan@tup.tsinghua.edu.cn。

图书在版编目（CIP）数据

小公司财税管控全案 / 顾瑞鹏著. —北京：清华大学出版社，2022.6（2025.5 重印）
（新时代·管理新思维）
ISBN 978-7-302-60459-4

Ⅰ.①小… Ⅱ.①顾… Ⅲ.①中小企业－财务管理－研究－中国②中小企业－税收管理－研究－中国 Ⅳ.①F279.243②F812.423

中国版本图书馆CIP数据核字(2022)第051328号

责任编辑：刘　洋
装帧设计：方加青
责任校对：王荣静
责任印制：宋　林

出版发行：清华大学出版社
　　　　网　　址：https://www.tup.com.cn, https://www.wqxuetang.com
　　　　地　　址：北京清华大学学研大厦A座　　邮　　编：100084
　　　　社 总 机：010-83470000　　邮　　购：010-62786544
　　　　投稿与读者服务：010-62776969, c-service@tup.tsinghua.edu.cn
　　　　质 量 反 馈：010-62772015, zhiliang@tup.tsinghua.edu.cn
印 装 者：三河市东方印刷有限公司
经　　销：全国新华书店
开　　本：170mm×240mm　　印　　张：14.75　　字　　数：238千字
版　　次：2022 年 8 月第 1 版　　印　　次：2025 年 5 月第 7 次印刷
定　　价：79.00元

产品编号：094590-01

序言 Preface

什么是小公司？

小公司判定标准为：职工人员不超过600人，年销售额不超过3 000万元，资产总额不超过4 000万元，此为上限，不同行业企业的具体标准有细微差异。

小公司数量庞大，在我国企业总量中占比超90%，是经济活动的重要参与者，也是社会就业机会的主要提供者。

什么是财税？

一直被大家所俗称的公司"财税"，实际上是由会计（票）、财务（账）、税务（税）三个板块构成。

小公司财税管控，历来是薄弱环节。有几个事关公司财税的触目惊心的数据：

- 公司的风险有80%来自财税风险；
- 有60%以上的企业存在中度以上的财税风险；
- 有高达90%以上的小公司存在不同程度的财税风险；
- 有80%的小公司老板对财务人员都不满意，而90%的财务人员都不喜欢老板；
- 有超过90%的小公司老板不懂财税，缺乏基本的财税常识和财税思维。

财税问题是小公司最容易忽略的问题，同时又是如影随形般伴随公司全生命周期的重大经营问题。从公司规划注册到购买有形无形资产，从招聘员工到发工资交社保，从收款付款到为客户开发票，财税问题伴随着公司运营的各个环节，票、账、税正是公司财税管控的三大核心，也是最容易出现漏洞、形成陷阱的关键点。

小公司多在市场夹缝中艰难求生存，缺乏资金、规模、技术、人力和政策上的优势。小公司在初创阶段，生存是第一位，很容易"饥不择食"，最易忽视财税风险，两套账、发票虚开、公私不分、账实不符、偷税漏税等各种财税不规范的现象和"原罪"极为常见。

新创公司，处于初始化状态，不仅要在市场上攻城略地，更要做好财税上的"顶层设计"，建立和完善各项财税规章制度，确定公司即将使用的会计准则、制度，确定会计核算方法和涉及的税种，建立账簿。如果忽略了财税的顶层设计，将会导致财税不合规、各种财税"原罪"丛生、企业税负偏高。

缺乏财税思维的小公司和不懂财税的老板，由于财税方面的认知缺陷，要么因无意、不知情、不了解政策，要么因打"擦边球""耍小聪明"，采用不合规的手段去进行财税操作，而给企业招致资金损失、财务漏洞、内部舞弊和腐败、税收违法等问题，甚至导致资金链断裂、公司破产。

随着金税四期正式上线，以及国地税合并、五证合一、税收实名制认证、机器人办税、信用体系、电子发票、减税降费、新个税法、社保入税等政策的联合推进，主管部门对企业的财税监管越来越严格，几乎做到了全方位、无死角管理，企业财税违规操作"暴雷"的风险越来越大。

财税乱，则企业乱。财税管控不善，则企业必有重大危机。企业在经营发展中，遇到的一半问题，都是财税问题。很多小公司老板习惯将这些问题归咎于公司财务负责人不作为和财务人员水平不足，这种思维要不得。

须知，企业遭受经济损失，是老板来承担。企业出现税务问题，最终也是老板来负责。老板才是企业财税管控水平提升的第一驱动力，任正非在华为财务共享中心座谈会上，曾经说："称职的CFO（首席财务官）应随时可以接任CEO（首席执行官）。"称职的老板也应该是企业名副其实的CFO、财务总监。

只有懂财税，才能更好地驾驭公司，一个连账都不会算、连利润都不懂分配、连报表都看不懂的老板，即使能在某个阶段创造一定的财富，也会很快遭遇公司成长的瓶颈期。

称职的公司老板，一定是半个财税专家。老板不仅要懂战略和规划，要懂市场和经营，更要懂如何借助财税抓手，去管控业务，去管控公司，去规避财税风险。

小公司操盘手（老板、经理人）要懂得利用财税手段去管控公司全局，做到用"财税"去辅助"经营"，用"考核"去管理"财务"，用"数据"去分析"利润"，用"流程"去控制"成本"，用"效率"去实现"增值"，用"战略"去规划"财务"，用"合作"去面对"稽查"，用"筹划"手段去"节税"，用"内控"去防范"风险"。

目录 Contents

第一章
小公司财税管控思维：用"财税"去辅助"经营"

一、老板不懂财税，后果很严重 …… 2
二、财税思维：小公司更要做好财税管控 …… 5
三、新公司初创后的财税三件事 …… 8
四、小型电商（网店）如何建账报税 …… 11
五、委托代理记账的优势与不足 …… 14
六、长期纳税零申报有什么风险 …… 18
七、知悉新时代下的财税环境与财税形势 …… 22
八、财税合规与财税原罪 …… 25

第二章
顶层设计管控：用"股权"手段去"节税"

一、成立公司时要充分考虑节税因素 …… 30
二、老板应如何设计公司的股权架构 …… 35
三、股权如何设计能达到节税目的 …… 38
四、股权转让如何合理节税 …… 41
五、扩张模式设计：总分公司、母子公司、兄弟公司 …… 45
六、公司财产、个人财产与家族财富传承设计 …… 49

第三章
财务人员管控：用"考核"去管理"财务"

一、小公司老板如何定位财务部 …… 54
二、财务人员的基本胜任素质 …… 57
三、老板如何驾驭财务经理 …… 61
四、如何对财务人员进行绩效考核 …… 64
五、财务管控的反舞弊机制 …… 68
【工具】财务部组织结构 …… 71

第四章 账务报表管控：用"数据"去分析"利润"

一、用报表看透企业，用报表管控公司　73
二、资产负债表是企业的底子　76
三、立刻落地的经营利润表　81
四、轻松读懂现金流量表　86
五、老板应关注的关键财务指标　90
六、企业四大能力的综合分析　93

第五章 成本利润管控：用"流程"去控制"成本"

一、现金流重要还是利润重要　102
二、小公司如何做好预算控制　105
三、小公司如何做成本管控　108
四、公司做多少业务才能保本　111
五、利润分配的正确顺序　114
【工具】成本管控流程表　117

第六章 资本、资金、资产管控：用"效率"去实现"增值"

一、如何让公司更赚钱　119
二、如何评估公司盈利能力和股东回报　122
三、小公司资金管理　125
四、如何掌握企业融资技巧　130
五、股权融资：让企业更值钱　133
六、投资机会的财务可行性分析　138

第七章 财务系统管控：用"战略"去规划"财务"

一、如何设计企业的财务战略　142
二、完善公司治理结构　145
三、打造内部财务控制系统　148
四、业财一体化，充分实现业财融合　151
【工具】财务控制管理流程　155
附：企业财务控制管理细则　156

第八章
税务稽查管控：用"合作"去面对"稽查"

一、功能强大的金税四期对企业意味着什么　　164
二、哪些企业会被税务机关"盯上"　　166
三、税务检查：谁会被查、查什么　　170
四、企业三大税种的自查要点　　172
五、企业应如何配合税务检查　　176
六、电商公司如何应对越来越严格的税务稽查　　182

第九章
节税管控：用"筹划"手段去"节税"

一、税务筹划的基本方法　　187
二、企业所得税纳税筹划的两种方法　　191
三、增值税如何做纳税筹划　　194
四、老板年底分红如何节税　　196
五、电商法实施后，线上卖家如何节税　　198
六、规节税务筹划中的风险　　201

第十章
财税风险管控：用"内控"去防范"风险"

一、最容易招致财税风险的四种行为　　206
二、两套账的风险怎么破　　209
三、用私人账户节税，公私账户往来混乱　　212
四、虚开增值税专用发票　　215
【工具】企业税务控制流程表　　220
附：企业内部税务控制关键点　　221

第一章

小公司财税管控思维：
用"财税"去辅助"经营"

财税管理混乱，则企业管理一定混乱，财税管控不善，必然会给企业带来危险。

企业的风险有 80% 来自财税风险，90% 以上的小公司存在不同程度的财税风险。老板才是企业真正意义上的财务总监，只有老板具备财税思维，懂得用财税去管控企业，用财税去辅助经营，才能从根本上化解企业的财税风险。

一、老板不懂财税，后果很严重

企业的风险有 80% 来自财税风险，在当下的中国，有 60% 以上的企业存在中度以上的财税风险，有高达 90% 以上的小公司存在不同程度的财税风险。

令人担忧的是，大多数企业老板对于或显而易见的或潜在的财税风险，要么漠不关心，要么浑然不觉，并未给予充分的重视，当作头等大事来抓，导致财税风险像滚雪球一般，与日俱增。

财税管理贯穿于企业生产经营过程的始末，是企业管控的核心内容，同时也是当前企业管理工作的薄弱环节。

企业老板，可以不懂业务，甚至半懂不懂管理，但绝不能不懂财税。

一个称职的老板，当然没必要亲自去设计财务报表，去做纳税筹划，但一定要掌握必要的财税知识，做半个财税专家，甚至要比公司普通的财会人员更加了解最新的财税政策动向。老板不仅要懂战略和规划、市场与管理，更要懂得借助财税抓手，去管控业务。

谁才是企业真正的财务总监？民营企业的老板才是名副其实的财务总监！

当企业因财税问题而遭受损失、危机时，财务人员可以辞职，财务总监可以一走了之，但老板不能离职，必须出面承担所有责任和损失。

老板不懂财务的后果很严重，其主要风险表现在以下几点。

1. 财务风险

不懂财务的老板，企业必然会出现下列问题。

第一，资金周转速度慢，资金利用效率低。比如，某公司老板平时的关注点都在销售和回款上，对公司资金运作情况并不关心，导致资金周转慢，平均周转一圈长达6个月，尽管该公司毛利率还不错，但同行企业拥有更快的资金周转速度，使得该公司在销售情况良好的情况下，资金压力却不减反增。

第二，浪费严重，成本居高不下。如果老板不懂财务，缺乏必要的财务常识、财务思维和管控手段，将不可避免地出现一些成本管控的真空地带，带来各种隐性浪费，增加企业成本，如产品试制、检测、返修、报废中所出现的浪费现象。

第三，企业预算思维欠缺，走一步看一步。老板不懂得利用预算手段去管理企业，对财税一知半解，又喜欢瞎指挥，导致企业经营缺乏规划，徒增变数。

2. 税务风险

税收问题是每一家企业都无法回避的，税费是企业必须支付的一种费用。税收当然是无可避免的，不过现实中绝大多数企业面对税收时，也都不会听之任之，而会采取各种措施。

偷税、漏税、骗税的问题在民营企业中屡见不鲜，老板财税思维的欠缺，必然会给企业带来涉税风险。

| 案例 1-1 |

王老板经营着一家小公司，记账报税外包给了一家财务咨询公司，公司内部没有专门的财会人员来打理。平时需要用钱时，不管是家里用还是公司用，王老板都是直接从公司账户上提钱，几年下来，累计划走300万元。

王老板并不认为这样做有任何不妥，但当地税务局稽查发现，该公司存在漏税问题。最后，王老板从自己公司"划走"的300万元，被依法按"利息、股息、红利所得"补征20%的个人所得税60万元，并对漏交税款处以50%的罚款，即30万元，总计90万元。

老板公私账户不分，认为公司的钱就是自己的钱，于是混淆了边界，此为最常见的涉税问题，也是最普遍的涉税风险点。

小公司面临的税务风险还有很多，后文会详细解读。

3. 刑事风险

当企业出现税务问题时,如果能像上述王老板一样,通过补缴税款和罚款来了结麻烦,结果还不算太糟。

但如果老板缺乏财税常识,涉及虚开增值税专用发票,就不是罚款的问题,而是要承担刑事责任,面临牢狱之灾。

企业虚开增值税专用发票,很可能要承担严重的法律后果,让老板锒铛入狱。最高人民法院印发的《最高人民法院关于虚开增值税专用发票定罪量刑标准有关问题的通知》(法〔2018〕226号)中,正式确定了虚开发票的判刑标准,虚开的税款数额超过5万元的,即可判刑3年,涉税金额低,量刑重,加大了对虚开增值税的处罚力度。

4. 人员监管风险

专业的人做专业的事,财税是专业性非常强的岗位,对财务人员的监管需要建立在老板懂财税的基础上,如果老板对财税一知半解,就很容易被财务人员糊弄,被财务人员钻空子。

案例 1-2

赵老板认为财务岗用自己人更放心,在老婆的缠磨下,便让小舅子做了公司财务负责人,公司账户、公章、财务章、发票章等一应事项全部交由其保管。

起初,小舅子倒也安分。时间久了,他渐渐不满足于固定的工资收入,一次,小舅子私下联系到一笔价值200万元的单子,想走私单挣些外快,于是偷偷跟对方签了合同,并动用了公章和合同章,这笔收入也就进了自己的腰包,赵老板却浑然不觉。

这件事在后来的税务检查中东窗事发,税务机关要求补缴税款、罚金和滞纳金共计数十万元,而当初的私单收入早已被小舅子挥霍一空,赵老板恨铁不成钢,却也无可奈何,只得掏钱消灾。

小公司多是"人治"大于"法治",财务管控重在管控财务人员,监管人员如果缺乏相应的财税常识，很容易出现管控盲区，难以对财务人员的工作进行行之有效的监督，可能给企业带来难以预料的风险和损失。

二、财税思维：小公司更要做好财税管控

企业处于不同的发展阶段、不同的发展规模，对财税的要求和定位也不一样。在企业草创期，老板的注意力往往放在营销、生产、产品、市场、班子建设等方面，等企业发展到一定规模，老板会逐渐发现财税的重要性。并不是说财税在这个阶段才变得重要，而是企业发展前期属于拓荒期，多会出现财税管理上的盲区，老板也不具备财税思维。

相对大中型企业，小公司老板更应该具备财税思维，从公司成立之日起就要提早做好财税规划和财税管控。道理很简单，大中型企业已经发展得相对成熟，拥有完善的财务部门、财税团队和财税管理机制，而小公司老板大多是财税领域的门外汉。笔者接触的企业老板中，很少有财务背景的，因为从事财务工作越久，人的性格也就会变得越来越保守、谨慎、死板，不懂得变通、创新和冒险，这完全不是企业老板所需要具备的特质。因此，财税也就成了很多小公司早期管控中的一个重大缺口，而且有一些小微企业由于各种条件所限而将早期的记账报税工作外包给第三方财务咨询公司，对财税的管控更加弱化。

财税对于企业而言，是运营的命脉，也是长盛不衰的根基。

从公司规划注册开始，到购买有形无形资产、招聘员工、发工资交社保、收钱付钱开发票，财税伴随着初创企业运营的各个环节，而票、账、税正是"财税"工作中最容易出问题的三大典型陷阱，早期日积月累的财税小漏洞往往会演变成日后企业运营中的大坑。

所以，小公司或初创企业，为了避免"入坑"，尤其要增加自身的财税知识，具备财税思维。财税思维是做好财务管理的基础，也是一切财务管理工作的核心。

1. 什么是财务思维

财务思维是相对于业务思维而言，业务人员（或业务主导型老板）关注的焦点是提高产品质量、降低次品率、开发新客户、提高产品销量、提高市场占有率等，而财务思维更关注收入、回款、呆坏账、利润、现金流、资产、负债等。

业务讲究过程，而财务讲究结果。企业业务上的变量，最后都会在财务的变量上体现出来，诸如收入的上升、利润的增长、现金流的充裕、资产质量的提高、负债的控制等，财务思维最大的特征是强调结果，可以称之为结果导向型的思维。

2. 财税思维就是数据思维

规范的企业管理，要做到数字化，数字化管理企业的前提是什么？是财务管理的强大。财务是一切管理的核心，因为财务通过数据来掌控企业的营销、采购、生产、人力资源、战略等环节，凡是与钱打交道的部门和业务，都摆脱不了财务的影响，进而也都可以借助财务进行数据化管理。

3. 用财税手段去管控企业全局

财税管控要覆盖企业各个层面，具体到企业各个人员和部门，需做到以下几方面。

第一，股东要知道如何平衡企业利润与风险，如何让管理层对利润负责，如何去监督公司。

第二，老板要知道如何通过财务抓全局，如何做公司财务战略设计，如何做股权激励规划。

第三，职业经理人要知道如何提高资金周转效率，如何设定高管考核指标，如何提高股东的投资回报。

第四，财务部要知道如何协调各部门完成公司目标，如何设定、评价各部门考核指标。

第五，人力资源部要知道如何设计保底销售额、保底工资，如何发放年终奖，如何提高人均单产。

第六，行政部要知道如何降低公司日常维护费用，如何做福利采购、发放，如何保证财产安全。

第七，销售部要知道如何设计销售政策，如何管理应收账款，如何降低销售费用，如何提高回款率。

第八，采购部要知道如何持续降低采购价格，如何做采购税务筹划，如何做库存预警。

第九，生产部门要知道如何做到最优化的工艺排位规划，如何降浪费损耗、库存，如何提高生产效率。

第十，研发部门要知道如何做项目、产品立项，如何做产品定价，如何管理研发费用。

4. 用财税手段去省钱、赚钱、做风控

财税思维能帮企业做什么？简单来说有三大方向。

第一，省钱。财税部门借助规范的财务管理流程、合理的财务管理制度，能够有效避免浪费，节约成本。还可通过合理合法的税务筹划，帮企业节税，降低税负率，帮企业省钱。

第二，赚钱。财税部门可在风险可控的前提下，利用企业闲置资金进行理财、投资以获得利润。还可利用税收政策、补贴政策帮企业拿到政府的返税、补贴奖励，为企业赚钱。

第三，规避风险。通过财务审批等事前控制措施可以有效防范企业风险，对现金流的管控可以有效防范企业资金风险，对税务的提前筹划可以防范涉税风险。此外，通过对财务报表中各种指标的分析，也能够发现企业经营中存在的潜在风险以及需要改进之处，从而为企业决策者提供预警，使其提前识别并规避风险。

三、新公司初创后的财税三件事

公司成立后，新手老板千头万绪，财税思维和财税工作安排不容忽略，要懂得抓重点、抓关键，其他工作都可以放一放、缓一缓，唯独财税方面的工作刻不容缓。

新成立的公司，处于初始化状态，创始人要对公司的几项重要财税问题做好顶层设计和初始安排。

1. 纳税申报

纳税申报，是纳税人按照税法规定的期限和内容向税务机关提交有关纳税事项书面报告的法律行为，是纳税人履行纳税义务、承担法律责任的主要依据，是税务机关税收管理信息的主要来源和税务管理的一项重要制度。

所有公司，无论是新注册的公司，还是变更后的公司，只要办理了税务登记，都必须按月申报纳税。即使短期没有收入、没有盈利也要做纳税申报，短期内可以做零申报。需要强调的是，零申报并不是不申报，零申报也需要每月申报，可由公司的全职或兼职会计进行申报。

公司注册后，如果不按时做纳税申报，税务机关将根据情节对逾期申报行为作出处罚，在有应纳税额的情况下，还将按照每日万分之五征收滞纳金。

此外，公司不做纳税申报，长期不报税，还会给公司和法人代表带来一系列严重后果——

第一，不能办理移民。

第二，不能贷款买房。

第三，不能领取养老保险。

第四，企业欠税，公司法人代表会被禁止出境，无法购买飞机票和高铁票，不能进行高消费。

第五，企业长期不报税，发票机将会被锁，税务人员也会上门查账。

第六，公司会进入工商经营异常户名录，一些业务会被限制，如银行开户等。

2. 一般纳税人和小规模纳税人的认定

新注册公司在办理税务登记的时候,税务人员都会问是选择一般纳税人还是小规模纳税人,此时很多没有财税常识的创始人往往会一头雾水,不知道怎么选择好,下面我们就看一下二者的主要区别。

(1)认定条件不同。自 2018 年 5 月 1 日起,增值税小规模纳税人的认定标准为年应税销售额 500 万元及以下(特殊情形除外),相应地,年应税销售额 500 万元以上的公司应认定为一般纳税人(特殊情形除外)。

(2)执行税率不同。此处税率是指增值税税率,其中:

一般纳税人:适用 0、6%、9%、13% 几档税率;

小规模纳税人:适用 3%、5% 征收率。

(3)纳税申报周期不同。一般纳税人是按月进行纳税申报,而小规模纳税人的纳税申报一般是按季度(例外情况:一些小规模纳税人也可申请按月纳税申报)。

由于一般纳税人规模通常较大、收入较多,会计核算水平也较为健全,因此一般纳税人每个月都需要进行增值税纳税申报,而小规模纳税人只需要在每年的 1 月初、4 月初、7 月初和 10 月初按季度进行四次纳税申报即可。

(4)是否能抵扣进项税。小规模纳税人取得的增值税专用发票不能抵扣进项,只能用作成本冲减所得税应纳税额;一般纳税人取得销货方开具的增值税专用发票,可以作为当期进项税抵扣。

就增值税而言,一般纳税人和小规模纳税人谁的纳税额更低呢?需要具体问题具体分析,看一个实例——

│ 案例 1-3 │

假设某商品进货价为 100 000 元,售价为 200 000 元(含税价),一般纳税人企业和小规模纳税人企业的增值税纳税额分别如下。

一般纳税人:

增值税应纳税额 =(200 000/1.13)× 0.13−(100 000/1.13)× 0.13=23 008.8−11 504.4=11 504.4(元)

小规模纳税人：

应纳增值税额 =（200 000/1.03）× 0.03 = 5 825.2（元）

这种情形下，显然是小规模纳税人企业交税较少。

换一个假设，如果该商品的进价较高，假如是 180 000 元，则一般应纳税人应纳税额：

200 000/1.13 × 0.13 − 180 000/1.13 × 0.13 = 2 300.9（元）

由于可以进行进项税抵扣，这种情况下，一般纳税人的增值税应纳税额就比小规模纳税人应纳税额少。

一般纳税人需要进行申请才能认定，即使不符合销售收入条件也可进行申请，新成立的公司，如果没有申请一般纳税人，会被自动认定为小规模纳税人。如果企业收入超过了小规模纳税人的认定标准，就会被强制认定为一般纳税人。企业一旦被认定为一般纳税人，将很难再转变为小规模纳税人。

对于是选择一般纳税人还是选择小规模纳税人，还可以结合以下几个判断标准。

第一，看发展。如果公司投资较大，发展前景看好，预计年销售收入很快能突破 500 万元，就可以直接申请一般纳税人。相反，如果公司规模较小，收入预期不高的话，则可选择小规模纳税人。近年来的国家税收政策对小规模纳税人一直很惠顾，小规模纳税人能享受到不同程度的税收优惠或减免政策。

第二，看客户。如果企业服务的主要是大客户，且客户无法接受 3% 征收率的增值税专用发票的话，可以认定为一般纳税人。如果企业客户主要为个人、个体户或小微企业的话，则可选定小规模纳税人。

第三，看行业。如果企业所处行业的增值税征收税率为 13%，且公司为轻资产运作模式，则可选择小规模纳税人，以降低税负，否则，就选定一般纳税人。

第四，看抵扣。如果公司的成本费用构成中取得增值税专用发票占比较高，进项税额抵扣充分，通过测算估计后的增值税税负低于 3%，最好选择认定一般纳税人，否则选择小规模纳税人。

3. 建账

新企业必须遵照《中华人民共和国会计法》以及统一的国家会计制度规定依法设置会计账簿，从事生产、经营的纳税人应当自领取营业执照或者发生纳税义务之日起15日内，按照国家有关规定设置账簿，账簿类型主要有以下几种。

（1）总账：用于分类登记企业全部经济业务。

（2）明细账：用于登记某一类经济业务，较为细致。

（3）日记账：包括银行存款日记账和现金日记账。

（4）备查账：辅助性质的账簿，企业可根据需要选择性设立，不做强制规定。

建立公司账簿是会计核算工作的基本方法和重要环节之一，是公司查账、对账、结账以及随时了解财务状况和经营成果的关键阶段。

新企业要根据行业要求和未来可能发生的会计业务情况，选取符合需要的账簿，再根据日常业务进行会计登记和处理，操作要点为以下几点。

（1）根据企业性质，选择适用的会计准则。

（2）依据企业的业务量及账务处理程序，准备账簿。

（3）合理选择会计科目，主要看行业和企业自身管理的需要。

（4）财务软件系统信息初始化，建立账套。

四、小型电商（网店）如何建账报税

公司无论大小都需要建账报税，开网店是否也需要建账报税呢？答案是肯定的！

在《中华人民共和国电子商务法》（以下简称《电商法》）出台实施前，网店尤其是个人网店一直处于纳税的模糊地带。早些年，马云曾对外界表示："淘宝上的网店们要时刻做好征税准备，现在国家还没开始收税，不代表以后不收税，尽管目前没有收税，网商也要把税款放在一边，不纳税只是一个奖励、红利。"

2019年1月1日，《电商法》正式开始实施，马云的预言变成了现实。

《电商法》第十一条规定："电子商务经营者应当依法履行纳税义务，并依法享受税收优惠。

"依照前条规定不需要办理市场主体登记的电子商务经营者在首次纳税义务发生后，应当依照税收征收管理法律、行政法规的规定申请办理税务登记，并如实申报纳税。"

《电商法》第二十八条第二款规定："电子商务平台经营者应当依照税收征收管理法律、行政法规的规定，向税务部门报送平台内经营者的身份信息和与纳税有关的信息，并应当提示依照本法第十条规定不需要办理市场主体登记的电子商务经营者依照本法第十一条第二款的规定办理税务登记。"

《电商法》对网店的征税从法律层面上进行了界定。电商经营者不依法进行纳税申报、不依法纳税，将会面临法律的惩处。

《电商法》第八十条规定："电子商务平台经营者有下列行为之一的，由有关主管部门责令限期改正；逾期不改正的，处二万元以上十万元以下的罚款；情节严重的，责令停业整顿，并处十万元以上五十万元以下的罚款……（二）不按照本法第二十八条规定向市场监督管理部门、税务部门报送有关信息的……"

《电商法》实施后，网店只要超过免税额度，就要计算税费。起初，网店卖家并未当回事，也不想承担"凭空"增加的税费，很少有网店主动进行纳税申报的。

但从2020年开始，税务机关就开始对网店进行了针对性的税务稽查，很多网店都被查处，要依法补缴税款。武汉一家天猫店就自称已经被税务机关稽查，被要求提交了近3年的支付宝收入数据，经核算后需要补缴税款和滞纳金共计800万元。

网店交税既然无可避免，就要去积极面对。电商的范围很广，可分为三大模式。

第一，B2B模式，即企业对企业（business-to-business，B2B），如阿里巴巴、慧聪网等。

第二，B2C模式，即企业对消费者（business-to-consumer，B2C），如天猫商城、京东商城、当当网、唯品会、网易严选等，也包括天猫、京东、当当网上的大量第三方卖家（店中店、企业店）。

第三，C2C模式，即消费者对消费者（consumer-to-consumer，C2C），

如淘宝网、拼多多、抖音、快手等平台上的一些个人卖家。

一些大中型的电商企业，如京东、天猫、阿里巴巴、当当等，无疑是要以正规的企业纳税人身份（通常为一般纳税人）进行记账和纳税申报。

而依附于上述电商平台或网络平台的小电商（网店）又当如何进行记账和纳税申报呢？具体要分两种情况。

1. 企业卖家（店）

企业卖家（店）即卖家注册了公司，以公司名义经营网店。此类卖家同其他公司一样，需要建账报税。

以天猫店为例，新开办的企业店基本建账流程如下。

第一，办理好营业执照，开具银行基本户。

第二，上传证照，入驻天猫网。

第三，预计销售规模，选择小规模纳税人或一般纳税人。

第四，购领金税盘（开具发票专用）。

第五，选择记账软件。

第六，开通财务后台"账房"。

第七，开通企业支付宝。

如果企业已具备一定的规模，则只需开通财务后台和企业支付宝即可。

至于纳税申报，只要是新开的企业线上店铺，在办理营业执照的同时，税务局就已经做了税务登记。

网店的税务政策也和实体店铺的税务政策一样，如公司连续12个月的销售额合计不超过500万元，就是小规模纳税人。

2. 个人卖家（店）

个人卖家，即在线上从事商业经营活动的个人或家庭，并未注册公司，只是办理了个体工商户的营业执照。

为了规范经营，个人卖家也要记账和报税。记账要按统一的账本和会计分录做，报税是在办理税务登记之后税务局约定的期限（月/季报）申报对应的税种（增值、附加、个税薪金、个体户经营所得、印花等），无收入也要做零申报。不按时记账，后期可以补，但是不报税，就会造成逾期，会产生税务异常和罚款，影响征信。

个体工商户有两种征税方式，一种是查账征收；另一种是核定征收，个体户不能提供完整、准确的纳税资料，不能正确计算应纳税所得额的，由税务机关核定交税。

个人卖家涉及的主要税有以下几种。

（1）个人所得税。以淘宝店为例，商家收入通常会打入个人支付宝账户，收入达到一定标准，就需要自行申报个人所得税，可在国家税务总局主办的"个人所得税" App 上进行申报。

（2）增值税。增值税即对商品交易过程中的增值额进行征收的税种。按照相关规定：增值税小规模纳税人认定标准为年应征增值税销售额在 500 万元及以下，小规模纳税人增值税征收率一般为 3%。

（3）附加税。这个税种一般税额不大。

五、委托代理记账的优势与不足

根据法律规定，企业在领取营业执照后 15 天内就要设置账本，一个月内需要办理税务登记，进行纳税申报。

记账报税是必不可少的，由谁来做这项工作，是一个值得商榷的问题，老板们需要斟酌的是，应该在企业内部设置专职岗位，还是将其外包给第三方公司。

对大多数小公司而言，由于前期规模小、业务简单、经济实力有限，专门雇用一名专职会计进行记账申报，势必会增加企业成本、加重企业负担，性价比不高。于是很多小公司都会选择代理记账，将公司的记账报税工作委托给外部的第三方财务公司，企业的会计核算、记账、报税等一系列的工作全部委托给专业记账公司完成，内部只设立出纳岗位，负责日常货币收支业务和财产保管等工作。

委托代理记账，法律上是允许的，《中华人民共和国会计法》第三十六条明确规定："不具备设置条件的，应当委托经批准设立从事会计代理记账业务的中介机构代理记账。"

1. 委托代理记账的优势与弊端

凡事有利有弊，选择代理记账，大多是小公司初创期的无奈之举，公司老板对代理记账优势与不足要有一个充分的认识，做到心中有数（表 1-1）。

表 1-1　代理记账和专职会计优劣势分析表

记账方式	优　势	劣　势
代理记账	1. 节省费用，性价比较高。小微企业代理记账的费用一般在 200～500 元/月，而招聘一名全职会计月薪至少要 4 000 元。 2. 专业性较强。代理记账公司配置有专业财税人员，可为客户提供专业化、规范化服务。 3. 及时申报，少出差错。专业代理公司更了解财税常识和操作流程，能够及时申报，避免出现疏漏。 4. 安全保密。代理公司属第三方机构，和客户公司没有直接利益冲突和复杂关系，同时受行业规范和职业操守制约，更利于客户保密	1. 记账公司良莠不齐。如果选择不当，遇到不称职的代理记账公司，可能会给企业的财税工作造成混乱，留下潜在风险。 2. 可能存在乱收费情况。有些代理记账公司会以低价吸引客户，后期又以各种借口胡乱收费。 3. 不利于公司的财税管控。将记账报税外包，不是长久之计，不利于公司的财税管控
专职会计	1. 管控和沟通更方便。专职会计作为公司员工，沟通管理起来更加便捷。 2. 内部会计除了记账报税，还可以从事一些相关的工资发放、社保办理等业务	1. 成本较高，对初创公司来说是一笔不小的开支。 2. 如果遇人不淑，财税信息有泄密的风险

2. 代理记账的流程

代理记账公司的业务流程包含如下步骤。

第一，接票。每月的固定时间由客户公司提供原始单据，代理公司安排人员上门使用"交接清单"领取发票、收据，或由客户公司直接快递过去。

第二，做账。根据客户要求做账，包括手工账和电脑账。代理记账公司会按照自己制定的内部流程为客户做账，做账过程一般要遵守录入和审核分开的原则，手工账根据电脑账打印出来，按规定装订。

第三，报税。根据税务机关要求，于每月15日之前（节假日会顺延），安排专业人员负责纳税申报工作。当前一般都是采用网上纳税申报的形式，遇到特殊情况，也需要财务人员去税务局办理。代理记账人员要清楚自己所属的税务专管员，并和专管员保持联系、沟通。

第四，回访。由代理记账公司返回税单、财务报表、纳税申报表等会计资料，客户公司再与出纳对账，安排下月工作。

3. 如何选择代理记账公司

代理记账行业从业者众多，水准参差不齐，选择代理记账公司时，务必擦亮眼睛，公司老板亲自或安排专人前往实地考察。一般而言，正规的代理记账公司应当符合以下几个标准。

第一，有营业执照和《代理记账许可证》。代理记账公司必须是在市场监督管理局正规登记注册的有限公司，且有财政局下发的《代理记账许可证》，方可开展代理记账业务。

第二，有固定的办公场地和设备。代理记账公司必须有合法的经营场所，因为要保存客户的会计档案，所以办公场所必须确保安全、干净、整洁、不偏僻，最好设有专门的档案保存室。

第三，营业执照合法合规。在选择代理记账公司时，要将对方的营业执照在市场监督管理局网站上进行查询，看其营业执照的经营范围中是否有工商登记代理的经营项目。

第四，拥有一定数量的专业从业人员。人员结构合理且齐全，如经理、外勤、记账会计、税务会计、审核会计等。另外，代理记账公司做账总负责人的资质要求较高，一般是拥有多年行业经验的会计师或注册会计师，熟悉各个行业。

第五，硬件设备齐全。应当有专门用于做账的电脑并安装了相应的财务软件，并配有打印机、读卡器等设备。

第六，使用专业财税处理软件。正规的代理记账公司必须使用专业的财务软件处理记账事宜，财务软件需要到财政局备案方可使用，有的代理记账公司没有采用财政部批准的财务软件来替代手工记账。

第七，签订委托协议。正规的代理记账公司都会与客户签订正式的委托协议。

第八，服务项目明确，收费合理清晰。正规代理记账公司收费一般合理且明确，而且拥有明确的服务项目及服务方式。

第九，完善的财务交接机制。代理记账公司和所服务的客户公司要有完善的沟通机制和材料、信息传达、交接机制。

选择代理记账公司时，不要一味贪图便宜、追求低价，有些职业操守不佳的记账代理公司，会以低价吸引客户，后期，要么不断以各种名目让客户追加费用，要么将业务层层转包（公司不养团队，只做营销，拓展客户），要么长期给客户做零申报，只报税，不记账或极少记账。更有甚者，还有一些代理记账公司会利用客户财税知识的欠缺来设局诈骗。

案例 1-4

2019 年，刘老板通过某搜索引擎结识了专门做代理注册公司和代理记账报税业务的郑某，委托郑某为自己在上海注册了一家公司，并将公司的记账业务交给郑某打理。

刘老板在老家安徽还有一家公司，2020 年底，郑某称刘老板名下的两家公司之间涉嫌虚开增值税发票。

虚开增值税发票，是要承担刑事责任的，刘老板得知后焦急不已，由于公司成立后财税问题一向由郑某办理，自己对公司涉税问题几乎一窍不通，同时，双方合作一年多，刘老板自感已经建立了信任关系，便向郑某请教对策。

面对刘老板的请求，郑某称可以托人搞定，但需要刘老板出钱疏通关系。

怕惹上官司的刘老板，对郑某言听计从，对其要求几乎是有求必应，先后给其转账 3 万余元，用来破财消灾。

一番运作之后，郑某称事情已经摆平，刘老板还需补缴 3 万多元的税款。

刘老板不解，已经付出了一笔费用来疏通关系，为何还要补缴如此多的税款？面对质问，郑某先是含糊其词，后又改口称只需补缴 1.5 万元的税款即可。

无奈之下，刘老板只得转钱、补税。

但是郑某后来一直未能提供完税证明，刘老板觉得其中有猫腻，可能被郑某欺骗，便去税务机关找到税务专员询问，才得知自己的公司根本未涉及虚开增值税发票，虚开一事完全是郑某下的套、设的局。

在刘老板的逼问下，郑某虽然承认了诈骗事实，但一直未退回赃款。无奈之下，刘老板选择报警。

经警方调查，郑某并没有会计证，他是和姐夫一起从事的代理记账业务。属地检察院经审查认为郑某以非法占有为目的，诈骗他人财物，数额较大，以诈骗罪对其提起公诉。

最终，人民法院以诈骗罪判处郑某有期徒刑一年，缓刑一年，并处罚金人民币2万元。

遇到上述代理记账公司，会给企业带来巨大的财税风险。

因此，当公司发展到一定规模、一定阶段的时候，要适时将记账报税工作收回公司内部，设立专门的财务岗位，以便加强财税内控。同时，由于企业自身的财务人员不一定都能完全胜任相关工作、把控所有风险，因此，民企在财税管控方面在必要的时候也要学会利用"外脑"，比如，聘请注册会计师、注册税务师做日常财税顾问。在企业营销、管理、投资模式设计或业务流程优化与建章立制时，应主动听取财税专业人士的意见，定期进行企业财税法律风险诊断评估，积极开展税务筹划，做到既不违法，又能把税务成本控制在最低水平。

六、长期纳税零申报有什么风险

理想很丰满，现实很骨感，创业者创立公司前都是意气风发，想大展身手，开创一番事业，真待公司注册成立之后，往往才发现"钱途漫漫"，业务发展受阻，迟迟打不开局面，企业只有支出而没有收入，或者入不敷出。

由于收入很低，或几乎没有收入，于是大多数小微企业都会遇到的问题出现了——纳税零申报。

1. 什么是零申报？

所谓零申报，是在税务机关办理了税务登记的纳税人、扣缴义务人当期未发生应税行为，按照国家税收法律、行政法规和规章的规定，应向税务机关办理零申报手续，并注明当期无应税事项。

通俗来讲，零申报就是纳税申报的所属期内没有发生应税收入（销售额），同时也没有应纳税额的情况。

如何判断自己的企业是否可以进行零申报呢？标准如下。

第一，增值税可以零申报的情形：小规模纳税人应税收入为零，一般纳税人当期没有销项税额，且没有进项税额。

第二，企业所得税可以零申报的情形：纳税人当期没有经营，收入、成本都是零。

第三，其他税种可以做零申报的情形：计税依据为零。

通常，如果企业还在筹建期、没有投入生产经营，收入、成本和费用都是零，可以放心地进行零申报。

2. 何为长期零申报？

通常情况下，税务机关认定半年以上为长期，当然具体时限还要以各省、区、市税务机关认定的时间为准。

需要注意的是，企业如果连续3个月进行零申报就属于异常申报，将被列入重点关注对象，超过6个月，则会被列为"非正常户"。超过两年的，将会被锁定，随时会面临税务机关和市场监督管理部门的联合提醒、检查。

3. 正常的零申报情况有哪些？

企业进行零申报，多半是出于经营上的无奈，无法取得应税收入，因此要进行零申报。零申报的情形一般有以下几种。

第一，新办企业未投入生产经营。有些公司注册后，按规定办理了税务登记，启用了税种，甚至还申请了一般纳税人，但却由于各种因素未能进行实际上的生产经营，这类公司可以进行零申报，但尽量不要持续3个月甚至半年以上。

第二，长期不经营的企业。当公司长期处于停业、未经营的状态时，也需要进行零申报。

第三，季节性企业。比如，有些小型代工厂，从事的加工业务具有明显的季节性、淡旺季特征，接单就加工，无单就停工，没有常态化的固定生产计划，很可能在某一申报期内企业完全没有经营，只好零申报，也是合情合理的。

4. 非正常的零申报情况有哪些？

除了上述符合申报条件的正常零申报，另有一些企业虽然有业务往来，也有收入，但仍然进行增值税零申报，甚至连企业所得税也做零申报，就属非正常的零申报，比如下列情况。

第一，免税收入进行零申报。例如，张老板做的是水果批发生意，属小规模纳税人，也办理了增值税减免备案，当季销售收入全部符合免税条件，是不是可以直接零申报？

答案是不能，正确的操作应当是将当期免税收入填入申报表中的"其他免税销售额"一栏。

第二，免征增值税，所以进行零申报。2022年12月31日前，小规模纳税人可享受增值税优惠政策，对于符合免征条件的小规模纳税人，反正也不用缴纳增值税，直接进行零申报不是更省事？

事实上，国家的政策优惠和企业如实申报是不冲突的，即使在免征标准之内，企业也要进行纳税申报，即要计算出应缴纳增值税额，再根据免征标准享受免税，中间的程序是必不可少的。

第三，税款已预缴，能不能做零申报？有些企业到税务局申请代开发票时，已经缴纳过税款了，这到了申报的时候，能不能做零申报呢？

也不能！正确的做法是在规定栏目填写销售收入，系统会自动生成已经交过的税款，进行冲抵。

第四，取得的收入没有开票，于是进行零申报。实操中有很多老板，认为自己的公司虽然有收入，但是没有开过发票，所以税务机关也不知道自己的公司是不是在经营中，就可以大胆进行零申报。

要提醒各位老板的是，取得未开票收入也应当如实申报，否则被查处后不仅要补缴当期税款，还要加收滞纳金和罚金。尤其是在金税四期系统已上线运行的当下，在大数据技术的帮助下，企业老板的公私账户都会处于税务机关的监控中，每一笔收入都将无所遁形，任何逃税的想法都是不切实际的，将会面临巨大的风险。

第五，公司亏损，所以进行零申报。在老板看来，市场不景气，公司也没收入，一直处于赔钱状态，应该可以进行零申报了吧？

不划算！企业的亏损是可以向以后五个纳税年度结转弥补的，如果企业做了零申报，第二年盈利就不能弥补以前的年度亏损，是不是不划算？

另外，如果当年做了所得税零申报，却将亏损延长到之后的年度扣除，也是不符合要求的。

5. 长期零申报的企业为何会被重点监控？

不论是正常的还是非正常的长期零申报，都会被税务机关重点"关照"，其中道理不难解释。

企业设立的目的是赚钱，长期零申报的企业显然是没有收入来源的，常理来看，虽然没有收入来源，但是企业只要存续就会发生成本，比如代理记账报税的成本、房租水电支出等，对于这类长期没有收入而又有成本支出的企业（零申报），其中显然是有问题和猫腻的，毕竟极少有人愿意长期赔钱赚吆喝，也就难怪会被税务部门盯上。

6. 长期零申报的风险点有哪些？

长期零申报的企业，会面临如下风险。

第一，被税务机关处罚。如果企业隐瞒收入，选择了零申报，一旦被查到，就会被定性为偷税，不仅要补缴税款和滞纳金，还会被罚款。

第二，影响企业信用等级。按照《国家税务总局关于明确纳税信用管理若干业务口径的公告》（国家税务总局公告2015年第85号）的规定，"非正常原因一个评价年度内增值税或营业税连续3个月或者累计6个月零申报、负申报的，不能评为A级。"

因此，如果企业连续 3 个月或累计 6 个月零申报，企业的纳税信用等级就不能评为 A 级。如果提供虚假的申报材料去享受税收优惠，企业的纳税信用将直接降为 D 级，更加得不偿失。

第三，发票减量。如果企业长期零报税，且纳税人持有发票的，则发票就会被税务机关降版降量，同时，纳税人还要定期到税务机关进行发票核查。

第四，被列入走逃户。纳税人一旦被认定为走逃户，就会被纳入重大的失信黑名单中并对外公告。纳税人等级则会直接被评定为 D 级，承担 D 级纳税人后果。

退一步讲，即使企业所做的零申报都是合法合规的，没有以上风险，也是不值得提倡的，因为长期零申报会让企业老板产生惯性，失去斗志，不利于企业的突破和成长，违背了企业创办的初心。

七、知悉新时代下的财税环境与财税形势

有人戏称"国家才是公司的不记名大股东"，这种说法不无道理。企业的每一笔收入、每一分盈利，都要给国家分红（交税），每一笔买卖都要缴纳增值税，赚的每一笔利润都要交企业所得税，老板从公司拿到的分红也需缴纳个人所得税。

国家是企业财税管控中的重要一环，税务机关是国家从企业获得分红（税收）的代言人。作为公司老板，一定要知悉国家当下的财税新政、财税环境和财税形势，它们和企业的命运是息息相关的。

随着国际国内政治经济形势的不断演变，企业所处的交易环境以及交易方式都在发生改变，国家的财政、税务和会计政策在不断调整，国家税收征管措施和规则也在不断推陈出新。企业进行财务安排和税务筹划的基础在不断改变，因此，企业的相应工作也要及时作出调整，以顺应新的财税政策，把好企业的钱袋子，才能更好地降低企业运营成本，减少税务支出，切实享受到国家财税新政带给企业的普惠性福利。

同时，社保入税、金税四期、CRS（共同申报准则）、大数据共享等财税

政策的调整与新技术手段的运用，也大大增加了那些不合规企业的财税风险。为了化解此类风险，企业不得不推进财税管理的合理化、合法化变革，过程中尽管不乏阵痛，但有助于企业的长治久安。

近来，需要企业老板密切关注的财税新政和相关趋势主要有以下几方面。

1. 税务监管越来越严

随着金税四期的上线运行，税务机关经过大数据比照就能发现企业财税操作中的异常，企业财税违规的风险将大大增加。以往企业两套账的手法将难以为继，企业偷漏税的行为将会被杜绝。金税四期，其功能之强大，超乎老板们的想象。

这种背景下，任何财税违规的想法都要就此打住，不然将会面临税务稽查和税务处罚。

2. 老板个人财富越来越透明

金税工程已实现全国联网，在"互联网＋时代"，电子发票、全民联网、税务局与银行互联互通已经实现，税务稽查手段也在不断升级，税务网络爬虫开始大量、全范围采集纳税人的各种信息，包括公司和老板的银行账户、微信、支付宝、微博、网站等各种数据。这些举措都在极大提升企业偷税的风险，让企业税务违规的空间越来越小，难度越来越大。

老板的财富也变得越来越透明，自2019年5月1日起，我国正式全面实施银税联网，银行和税务部门将会进行信息共享，税务部门会将企业上报的报表信息和老板银行的资金金额、资金流动等信息进行核查比对。比如，有些企业当年盈利300万元，为了少交25%的企业所得税，就只报给税务部门100万元的收入，剩下的200万元划入老板的个人账户，隐瞒不报。别以为这种操作神不知、鬼不觉，税务部门通过企业上报的数据与老板在银行的资金状况进行核对，很轻松就能发现其中的差距和问题所在。

3. 社保入税

社保入税，即社会保险费由税务部门统一征管，社会保险费从登记、申报、审核、征收、追欠到记账等全部工作都将由税务部门负责。

根据国务院关于社会保险费征收体制改革部署，自2020年11月1日起，北京、天津、山西、吉林、上海、江西、山东、湖南、广西、四川、贵州、西藏、新疆、青岛、深圳的企业职工各项社会保险费交由税务部门统一征收。

这意味着社保入税事宜终于落地，社会保险费交由税务部门统一征收后，其征管能力和征管效率必然有大幅度提升。

以往，在一些私营企业尤其是小型企业中，不给员工交社保或少交社保几乎是惯例。

社保入税后，那些按照员工收入和政策规定如实足额为员工缴纳社保的企业，当然不会受到影响。而那些少交（长期按最低标准缴纳社保）或压根不给员工交社保的企业，则要面临补缴或开始缴纳社保。

对企业而言，这又是一笔额外的支出，值得老板们去认真对待。

4. 现行税收政策对小企业更加友好

我国企业涉及的两大税种是增值税、企业所得税，基本占企业总税负的75%左右。而我国对小企业在这两种税上都有很大的税收优惠力度。

（1）小微企业享受企业所得税减免政策。该减免政策由财政部和国家税务总局于2021年4月2日联合颁发，减免周期为2021年1月1日至2022年12月31日，具体减免政策如下。

第一，对小型微利企业年应纳税所得额不超过100万元的部分，在《财政部 税务总局关于实施小微企业普惠性税收减免政策的通知》（财税〔2019〕13号）第二条规定的优惠政策基础上，再减半征收企业所得税。

第二，对个体工商户年应纳税所得额不超过100万元的部分，在现行优惠政策基础上，减半征收个人所得税。

（2）小规模纳税人增值税减免政策。根据财政部、税务总局2022年第15号公告，自2022年4月1日至2022年12月31日，增值税小规模纳税人适用 3% 征收率的应税销售收入，免征增值税。

（3）小型微利企业认证条件放宽。小型微利企业是指从事国家非限制和禁止行业，符合下列条件的企业：

①工业企业，年度应纳税所得额不超过 100 万元，从业人数不超过 100 人，资产总额不超过 3 000 万元。

②其他企业，年度应纳税所得额不超过 100 万元，从业人数不超过 80 人，资产总额不超过 1 000 万元。

自 2019 年 1 月 1 日起，小型微利企业放宽后的认证标准调整为：满足年度应纳税所得额不超过 300 万元、从业人数不超过 300 人、资产总额不超过 5 000 万元三个条件的企业（包含工业企业）。未来，该认证标准可能会进一步调整。

在合理合法且符合企业发展规划的前提下，老板要学会将企业做"小"，充分享受税收优惠政策，减少税费支出。

八、财税合规与财税原罪

民营企业尤其是小型企业，财税大多不合规，早期的民营企业还多多少少存在一些财税上的原罪，如民营企业家起家时的一些涉税、行贿、非法集资等现象，大体指民营企业家来源可疑的第一桶金，其聚集财富的手段和路径有很多疑点。

中国民营企业经常发生的原罪有行贿、偷税漏税、虚假注册抽逃资金、非法集资、非法经营（高利贷）等。

对于当前的企业而言，关于偷税漏税、非法集资、高利贷等涉嫌违法的事项当然不要去触碰，同时，还要注意规避一些新的容易招致风险的财税违规操作，比如——

1. 两套账问题

两套账又叫内外账、AB 账，一套账是对内，主要给老板看，相对真实，叫内账；一套账对外，叫外账。两套账在中小企业属于比较普遍的现象，对于同一会计主体，在同一个会计期间，对发生的经济业务，每套账会做不同取舍，使用不同的会计核算方法，导致每套账的会计报表结果不一样。

企业编制两套账本身并不是违法行为，但如果外账不符合相关法规要求，变成假账，产生偷税漏税、误导会计信息使用者等后果的话，就属于违法行为。

2. 虚开增值税专用发票问题

根据《中华人民共和国刑法》第二百零五条的规定，虚开增值税专用发票或者虚开用于骗取出口退税、抵扣税款的其他发票，是指有为他人虚开、为自己虚开、让他人为自己虚开、介绍他人虚开行为之一的。虚开增值税专用发票，会给国家造成损失，也因此会被严厉打击。

虚开增值税专用发票之所以猖獗，是因为市场需求大，主要原因在于：增值税一般纳税人想要抵扣进项税额需要增值税专用发票（即专票），而小规模纳税人只能开3%的专票，和一般纳税人13%的专票相去甚远。如果取得了增值税专用发票，一般纳税人企业不仅能少缴增值税，还能少缴企业所得税。所以，在一般纳税人的进货环节和小规模纳税人销货环节，就产生了大量的专票需求，虚开增值税专用发票行为随之产生，于是形成了一个有供需的非法买卖增值税专用发票的市场。

3. 商业回扣

不少民企都存在商业回扣的问题，商业回扣包括账外暗中回扣和账内明示回扣，其中账外暗中回扣构成商业贿赂，属于不正当竞争的违法、犯罪行为。

4. 存货账实不符

存货账实不符在生产制造企业或贸易企业中很常见，存货账实不符的税务风险也是相当高的，是税务稽查的一大重点方向。

存货账实不符是指企业账面上的存货和企业实际仓库里的存货不一致。存货账实不符主要表现为亏库（账面存货大于仓库实际存货）和胀库（实际存货大于账面存货）。

造成企业账实不符的客观原因主要是公司账务处理流程不合理，以及财务人员水平能力不足等，比如该结转成本的没有及时结转成本，该报废的没有及时入账，该计提跌价准备的没有计提减值准备等。实务中，这种客观原因造成的账实不符比较少见，更多的是由于主观原因，故意为之以达到少交税款等目的。

企业存货账实不符，收入、开票、存货三者前后不搭，矛盾重重，风险极大。

5. 股东分红不缴纳个人所得税

股东分红中的偷税漏税行为很常见，根据《中华人民共和国个人所得税法》，企业的税后利润应当分配给股东，而股东取得的利息、股息、红利所得也应该征收个人所得税，但是实际企业分红中都在想方设法避免该部分税费。

企业的财税违规现象还有：为方便结算、少计收入或预防资金被查封、冻结，而搞"资金体外循环"；购买资产图便宜、不开发票，形成"账外资产"；为少计、多计收入或虚增、压缩利润，而虚假登记往来账务等。

上述操作是企业财税不合规的源头，而大部分企业在实际经营中总会遇到大大小小的财税疑难问题，这些小问题如果处理不当，就会带来财税不合规的大问题，不仅影响公司正常的经济活动和业务流程，耗费创业者的时间和精力，还会给企业带来行政违法风险或刑事违法风险，也会诱发内部人员的道德风险，更严重的后果是很可能导致企业无法持续经营或破产倒闭。

在大数据时代，无论哪个行业，违规操作的风险都越来越大，对于不少弱不禁风的"草根"小公司而言，财税违法风险已成为其"头号风险"，小公司的财税不规范行为，不仅成为投资人望而却步的原因，也影响着民营企业家的财产与人身安全。

企业想获得更好的发展，企业想要值钱，财税合规是基础。当企业拥有良好的财税信用，不仅可以增强融资能力，未来还能获得更好的发展和估值。

近年来，资本市场比较火热，新三板、股市、投融资异常受人关注，几乎到了全民皆资本、逢人谈资本的程度。企业发展也需要资本，需要融资，但如果企业本身的财税不合规，那么将会因为税务风险、乱账、财务流程混乱、财务数据缺失等违规操作而把自己屏蔽在资本市场的大门之外。因为财税规范是迈入资本市场的基本门槛。财税不规范，等于关闭了企业发展壮大的大门，试想一下，连最基本的财税合规都做不到，企业老板又拿什么去融资、去上市？

在财税合规管理方面，企业老板是最大的推动人，只有老板的思维转变了，企业才能真正实现财税操作的合规化，规避财税风险，打通企业上升通道。企业老板要认真对待下列问题，并做出抉择——

第一，是设规范的一套账，还是设矛盾的两套账？

第二，是不顾风险去偷税漏税逃税，还是充分利用财税知识进行合法合理的税务筹划？

第三，是进行规范的资金管理，还是进行资金体外循环？

第四，是在日常经营中做"拍脑袋决策"，还是基于财税数据做数据化测算、数据化管理？

第五，是财务业务一体化统筹发展，还是将两者割裂开来管理？

第六，是只图一时的赚钱和省钱，还是同时考虑到财产与人身的传承、安全？

第二章

顶层设计管控：
用"股权"手段去"节税"

公司顶层设计和顶层管控要解决的重大问题包括以下几方面。

第一，结合节税目的来选择最合适的公司组织形式。

第二，选择最优的股权结构，规避股权分配上的雷区。

第三，老板持股方式要充分考虑后期的税务筹划需求。

第四，选择最适合公司业务和节税需求的扩张模式。

第五，做好公司和老板个人的资产保护、财富传承设计。

一、成立公司时要充分考虑节税因素

成立公司时，在不改变公司经营方向和发展的前提下，要充分考虑节税因素，充分利用现行的税收优惠政策，做好公司早期税务筹划。下面讲到的某些节税操作，一旦错过，就再也享受不到，请老板们务必慎重对待。

公司成立时的节税安排，有四大实操路径。

1. 通过选择注册地进行节税

不同国家、不同地区的公司，适用的税率各不相同。通过注册地的选择，能达到合理节税的效果。

（1）注册到海外税收洼地。海外税收洼地主要有开曼群岛、英属维京群岛、百慕大、爱尔兰等，这些注册地的税率极低，有些公司甚至能享受到免税的优惠政策，公司选择这些地区注册也能拥有更高的保密性，受到较少的外汇管制。很多金融、保险、海外基金、信托、互联网等公司，都选择在这类节税天堂进行注册。

例如，苹果公司在爱尔兰注册的子公司 Apple Sales International（ASI），2009—2011 年的税前收入为 380 亿美元，通过税收优惠政策及充分的税务筹划，最后只交纳了 2 100 万美元的税款，税负仅为 0.055%。

在美国，联邦层面的企业所得税税率可高达 35%，再加上州税，综合税负水平为 39%，几乎为世界最高。而在爱尔兰，其法定企业综合税率仅为 12.5%，为世界上税负最轻的国度，正因为如此，有很多类似苹果的美国公司会前往爱尔兰进行节税。

(2)注册到国内税收洼地。我国设有大量的经济特区、经济技术开发区、沿海经济开发区、保税区，各大城市也设有各种新区，在这些区域内注册设立的符合政策的企业，都可以享受到不同程度的税收优惠。

第一，可以享受区域性税收优惠政策。通过落户洼地，享受当地的税收优惠政策，这是选择税收洼地的最直接目的。比如以前大部分影视公司都选择落户网红洼地新疆霍尔果斯，是因为那里的企业所得税享受"五免五减"的政策。

第二，可以利用简化税收征管办法实现节税。利用税收管理上的"核定征收"的办法，即利用核定利润率的方法计算公司制的企业所得税或者合伙制、个人独资制的个人所得税。

第三，利用税收地方留成返还实现节税。洼地的地方财政，为了吸引企业入驻，会把地方留成税收资金拿出来对企业进行税收返还。税收洼地可以给予企业的税收返还奖励很高，多的时候可以节税35%以上。

第四，享受多样化的洼地税收优惠。企业入驻洼地后，还可享受到其他税收优惠，比如开设分公司到税收洼地，以业务分流的形式享受税收优惠政策；还可设立新公司，原公司接到业务以后分包给税收洼地的公司以实现节税；注册地址也可以迁移到税收洼地。另外，办理个人独资企业、个体工商户、合伙企业享受核定征收也是很好的一种形式。

前些年流行一句话："错过了深圳特区，错过了上海自贸区，不能再错过中哈霍尔果斯国际边境合作中心。"我国西部边境城市霍尔果斯曾于2010年1月1日至2020年12月31日，推出了针对影视、文化传媒服务业、信息科技产业、金融服务业、商务服务业、旅游业、生物制药类、会展经济、新能源、农副产品深加工类等行业的税收优惠政策——

①企业所得税享受"五免五减"，即新注册的公司5年以内免征企业所得税，5年以后地方留存部分的税收也会以奖励的形式返还给企业。

②新设立的企业，一个纳税年度内在开发区实际缴纳税款，留存开发区财政的增值税及附加税总额按阶梯返还。

举例来说：某影视公司如果年收入为5 000万元，利润为500万元，在其他地区要缴纳25%的企业所得税，为125万元，如果公司注册在霍尔果斯，则该部分税费可以享受减免。

霍尔果斯简单、直接、粗暴的优惠政策，吸引了大量企业前往落户，最广为人知的是大量影视传媒企业落户霍尔果斯，一度占据了中国影视传媒企业的半壁江山。

再比如海南自贸港，也是一个极佳的税收洼地。

据财政部、税务总局印发《关于海南自由贸易港企业所得税优惠政策的通知》（财税〔2020〕31号），有三条涉税优惠条款值得注意。

一是对注册在海南自由贸易港并实质性运营的鼓励类产业企业，减按15%的税率征收企业所得税。

二是对在海南自由贸易港设立的旅游业、现代服务业、高新技术产业企业新增境外直接投资取得的所得，免征企业所得税。

三是对在海南自由贸易港设立的企业，新购置（含自建、自行开发）固定资产或无形资产，单位价值不超过500万元（含）的，允许一次性计入当期成本费用在计算应纳税所得额时扣除，不再分年度计算折旧和摊销；新购置（含自建、自行开发）固定资产或无形资产，单位价值超过500万元的，可以缩短折旧、摊销年限或采取加速折旧、摊销的方法。

根据上述相关政策，假设在海南岛设立一家信息科技公司，把公司的信息数据加工、软件开发设计之类的相关活动都安排到海南公司。海南公司有两种盈利模式：一种直接为客户服务；另一种不直接为客户服务，为内地的关联公司提供服务，那么就可以按15%享受企业所得税的优惠。

企业可以考虑充分利用好海南自贸港的税收洼地进行税务筹划，海南自贸港的政策从2020年远期规划到2050年，总共有30年的时间。

（3）注册到香港地区。注册香港公司并申请香港的银行账户，收汇是没有限制的。如果公司客户都是非香港本地客户，则不用交税，因为香港的税收政策是按照"地域来源征税"的。

例如：某香港公司接了一笔100万美元的海外订单，接单后，公司可以70万美元的价格下单给东莞的工厂，客户将100万美元的货款打入公司的香港账户，公司再将70万元的采购费用汇给东莞的工厂，香港公司就赚取了30万美元的利润，这笔利润由于不是来自香港本土，就可以免税，无须向当地缴纳利得税。

2. 通过选择公司性质进行节税

不同类型、不同性质的企业，税负也不同，计划设立的公司恰好符合相应的税收优惠政策，不妨做好相应的筹划。

（1）申请成为小微企业。小微企业即小型微利企业，国家对小微企业有税收上的照顾。根据工信部《中小企业划型标准规定》（工信部联企业〔2011〕300号），需要开具小微证明的企业必须注册在本辖区内，同时提供以下材料。

第一，营业执照副本复印件。

第二，招标文件复印件。

第三，能反映上年度企业从业人员、营业收入和资产总额等指标的证明文件（以下二选一）：

①统计局的调查单位基本情况表。

②工商的统计年报。

以上材料加盖公章后到相应辖区的经济和信息化局或街道办等相关部门进行办理，个别地区可能还需要提供上年度末的税务局增值税纳税申报表（营业收入）与社保局的职工社会保险缴费的申报表或明细表和材料真实承诺书或其他相应材料。办理之前最好咨询一下当地相关部门。

（2）注册为外资企业。外资企业来国内投资能享受到很多税收优惠政策，尤其是在改革开放初期，国家为了招商引资，用市场换技术，学习海外的先进技术和管理经验，给予外资企业很多超国民待遇。比如企业所得税15%优惠税率（当时内资所得税税率为33%）、"两免三减半"（外商投资企业自取得第一笔生产经营收入所属纳税年度起享受2年免征、3年减半征收企业所得税的待遇。对设在中西部地区的国家鼓励的外商投资企业，在5年的减免税期满后，还可延长3年减半征收企业所得税）。

注册公司时如果有条件成为外资，也能达到合理节税的效果。

（3）注册为个人独资企业。个人独资企业在纳税上也有优势，根据现行税收政策，新注册的有限公司企业所得税征收方式为查账征收，即按照企业利润的一定比例征收企业所得税，而个人独资企业（包括有限合伙企业）按照现行税法规定不用交企业所得税，只需交个人所得税（生产经营所得），核定税率1.5%。

个人独资企业的个人所得税征收方式有核定征收和查账征收两种,除少数几种行业需查账征收外,其余的都可以申请核定征收,根据年度销售收入的多少以及行业的不同,征收率也不同。

另外,对于个人独资型贸易企业,各个地方都有相关的税收优惠政策(表2-1)。

表2-1 各地个人独资贸易企业税收政策

地　区	征　收　率	地　区	征　收　率
广州	应税所得率6%	合肥	应税所得率5%
深圳	应税所得率5%	西安	应税所得率9%
北京、天津	核定征收率1.4%(月度销售额超过10万元)	贵州	核定征收率0.8%
福州	应税所得率5%	徐州	核定征收率0.2%
大连	应税所得率5%	青海	核定征收率0.4%
云南	应税所得率5%,核定征收率0.3%	海南	核定征收率0.5%

3. 通过选择行业进行节税

税法以法律的形式规定了一些行业性税收优惠政策,如高新技术开发区的高新技术企业减按15%的税率征收企业所得税;新办的高新技术企业从投产年度起免征企业所得税2年;利用"三废"作为主要原料的企业可在5年内减征或免征企业所得税;企事业单位进行技术转让以及与其有关的咨询、服务、培训等业务,年净收入在30万元以下的暂免征企业所得税等。

如果公司进入的是以上行业,则可享受税收优惠。

企业对税收优惠政策要进行持续关注和研究,力争经过收入调整使企业享受各种税收优惠政策,最大限度节税,变相壮大企业实力。

4. 通过商业模式选择进行节税

不同的商业模式(经营模式),所产生的税负也存在差异。公司老板要从税务成本的角度去考虑企业的商业模式,目前企业常见的三种涉及不同税务成本的商业模式见表2-2。

表 2-2　不同商业模式的税负差异

商业模式	内容	税负
产品供应商	为客户提供合适的产品	13% 的增值税
解决方案供应商	为客户提供产品的开发设计服务，制造产品，提供后续服务（安装、培训辅导、维护、维修）	产品增值税 13%，服务为 9% 或 6%，涉及混合销售、兼营的税务处理
服务供应商	通过平台、产品为客户提供服务	9% 或 6% 的增值税

二、老板应如何设计公司的股权架构

公司初创，同公司性质、注册地选择同等重要的还有股权架构设计。从宏观上讲，股权的历史将伴随整个公司的历史。具体到每一家公司，股权问题则会伴随企业生命周期的每一个阶段。

公司从筹建第一天起，就面临股权设计和股权分配的问题。当然，如果是个人独资公司，一人老板制，个人百分百控股公司，以后永远不考虑吸纳合伙人，不打算进行融资，不在内部搞股权激励，也不考虑公司未来上市的话，那就没必要去考虑股权设计的问题。否则，股权设计和股权分配问题将是公司创始人无法绕过的一个重要命题。

股权设计和股权分配决定了企业的股权结构，股权结构对公司的长远发展至关重要。在投融资圈内，有这样一个观点：投资 = 投人 = 投股权结构。

股权结构不合理，会导致企业内忧外患，内部合伙人之间会由于股权分配不合理而内讧，外部投资人也会因公司股权结构不合理而不敢介入，导致企业错失跨越发展的良机。

公司发展到成熟阶段，需进入资本市场时，无论是新三板、IPO（initial public offering，首次公开募股），投资者都会重点考察公司的股权结构是否明晰、合理、稳定。

股权分配具有灵活性，股权设计的目的具有阶段性，股权设计没有固定模式可循，因为不同的股东构成、不同的投资结构、不同的企业发展阶段，股权分配方式也都是不一样的。

进行股权设计要把控好一个基本原则——考虑当下目标（需要通过股权分

配、股权设计、股权激励解决的现实问题）、不忘中期目标（外部投资人进入，留下空间）、兼顾长远目标（IPO、上市）。

股权架构设计是公司组织的顶层设计，它从根本上解决的是公司"谁来投资，谁来经营，谁来收益，谁来担责"的问题。

股权架构设计需将创始人、合伙人、投资人、经理人及其他利益相关方紧密捆绑定在一起，从而将股权价值作为企业发展的战略目标。股权设计解决的不仅仅是分割股权比例的问题，还要将创业企业生存、发展所需对接的各种资源合理拼接利用起来，实现企业和各利益相关者之间的共赢局面，打通企业发展的底层通道。

1. 股权设计要回答的六个问题

在实操中，股权架构设计要处理好以下六个问题。

第一，定量。确定欲进行分配股权的数量、总量、占比。对股权的定量计算，要充分结合出资比例、表决权、投票权、股东类型等进行综合界定。

第二，定类。确定待分配股权的基本类型，是资金股、资源股、技术股、期权股，还是顾问股。

第三，定价。确定相关利益方获得公司股权的价格。

第四，定人。确定什么人可以进来、什么人可以给股权。

第五，定时。确定什么时间可以获得股权，以及股权的生效时间（主要是期权）。

第六，定退出。股权设计，一定要有退出机制，股东什么情况下需要退出、什么时间退出、以什么方式退出，都要有明确约定，避免日后扯皮。

2. 股权划分的基本原则

公司股东之间股权的划分，不仅涉及核心利益的分割，更会影响公司的长远发展与稳定，要尽量遵循如表2-3所示的原则。

第二章 顶层设计管控：用"股权"手段去"节税"

表2-3 股权组合的划分原则

股东数量	划分原则	应避免的划分方案	合理的分配方案
两名股东	避免均分，有一名控股大股东	• 50%：50%（股权均分） • 66%：34%（博弈型，小股东有一票否决权） • 99%：1%（大股东一家独大）	• 70%：30%（大股东清晰） • 80%：20%（大股东清晰） • 51%：49%（有控股股东）
三名股东	1＞2+3（即大股东比例要大于二、三股东之和）	• 各占1/3 • 93%：4%：3% • 40%：40%：20%	• 70%：20%：10% • 60%：30%：10%（大股东清晰，能快速决策）
四名股东	2+3+4＞1（大股东占比要小于其他股东之和）	• 25%：25%：25%：25%（均分） • 94%：3%：2%：1%（一人独大）	• 40%：25%：20%：15% • 35%：29%：20%：16%

3. 股权持股比例的关键节点

不同的持股比例，拥有不同的权限，老板在设计公司股权机构、划分股权比例时，要特别注意几个公司股权比例的关键持股节点（表2-4），尽量不要逾越"雷池"。

表2-4 企业股权比例的关键节点

持股比例	拥有权限
100%	100%持股，属一人老板制，完全持股，一人掌控公司，老板（股东）对公司上下事项有绝对的毋庸置疑的处置权和决定权
持股2/3以上	拥有企业的绝对控股权，相当于100%的权力，确切地说，应是持股66.67%以上。持股66.67%以上的股东（或股东联盟），有权主张以下事项： • 修改章程； • 增加注册资本； • 减少注册资本； • 公司合并； • 公司分立； • 公司解散； • 变更公司形式。 不过有例外事项，《中华人民共和国公司法》第四十二条有规定："但是，公司章程另有规定的除外。"也就是说，公司章程可以约定按照公司法约定的出资比例行使表决权，也可以自行约定另外的比例。

续表

持股比例	拥有权限
51%	《中华人民共和国公司法》第一百零三条第二款规定："股东大会作出决议，必须经出席会议的股东所持表决权过半数通过。"持股51%为相对控制线，拥有相对控制权，即所持表决权过半数，可以决定公司的一般事项，或者说，可以控制公司日常经营中的绝大多数事务。比如，进行公司决策，聘请独立董事，选举董事、董事长，聘请审议机构、聘请会计师事务所、聘请解聘总经理等。
34%	股东持股量在34%及以上，而且没有其他股东的股份与他冲突，拥有否决性控股，具有一票否决权。 持股2/3以上拥有绝对控股权，有权表决通过事关公司生死存亡的事宜，但如果一个股东持股超过1/3，那么另外的股东持股量就达不到2/3以上，因此，相对来说，那些决定公司生死存亡的事宜就无法通过，这样就相当于控制了公司的生命线，拥有安全控制权。 另外，一票否决权只是适用于那些决定公司生死存亡的事宜，而对其他仅需过半数以上股东通过的事宜，则无法否决（持股量在34%以上50%及以下的股东）
10%	持股10%以上的股东，可提出质询、调查、起诉、清算、解散公司。其法律依据为《中华人民共和国公司法》相关规定
3%	拥有临时提案权，即持股股东可在股东会召开10日前提出临时提案并书面提交董事会
1%	拥有代位诉讼权。股东可书面请求监事会或者不设监事会的有限责任公司的监事向人民法院提起诉讼；有权为维护公司利益，以个人名义直接向人民法院提起诉讼

三、股权如何设计能达到节税目的

实务中，很多公司老板由于认知原因，基本都会忽视公司创立阶段股权设计和股权安排中的税务因素。

但随着企业的发展壮大、企业经营的日渐深入，一些由股权设计而带来的财税问题就会逐渐凸显，此时再想起解决这些问题，通常要付出高昂的咨询费用（律师、股权专家、财务咨询师等）和巨大的企业代价。

企业的股权设计应充分前置，在公司设立时就要充分考虑到。当然，公司的股权架构取决于投资人的出资结构，同时股权架构设计也是要为公司战略服务的，股权架构设计的总体原则是要以终为始，老板要根据公司未来的发展战略来定制化地进行股权架构的顶层设计。这是总的原则，在此基础上，要充分考虑为达节税目的而进行相应的股权安排。

老板或投资人持股公司的方式主要有两种。

1. 直接持股

老板个人直接持股，为最常见的公司股权安排模式，也是初次创办公司的老板们最常用的选择。老板选择个人直接持股，并没有明显的缺陷，但如果从节税角度考量，这并不是一种最理想的持股模式。

在公司运营阶段，公司如果获得了经营利润，就要依法向股东进行分红，根据《中华人民共和国个人所得税法》第三条，综合所得，适用3%至45%的超额累进税率；经营所得适用5%至35%的超额累进税率；利息、股息、红利所得，财产租赁所得，财产转让所得和偶然所得，适用比例税率，税率为20%。

公司向个人股东分红时，股东需要缴纳20%的个人所得税，这是一笔不小的费用。

从资本运作角度来看，如果自然人股东作为主体进行公司并购重组，交易双方无法符合"特殊性税务处理"的要求，也就不能享受递延纳税的优惠待遇。《国家税务总局关于企业重组业务企业所得税征收管理若干问题的公告》（国家税务总局公告2015年第48号）中还明确了企业重组"当事各方中的自然人应按个人所得税的相关规定进行税务处理"，自然人股东也需要缴纳20%的个人所得税。企业并购重组的金额通常都较为巨大，交易税负支出也会较高。因此，总体考量，老板作为个人股东直接持股，既不利于节税，也不利于公司的横向、纵向扩张。

2. 间接持股

间接持股，即老板通过公司来持股。相对于直接持股，间接持股更有助于企业进行节税安排。

用公司做"股东"间接持股有何好处呢？

根据相关规定，符合国家政策的居民企业（是指依照一国法律、法规在该国境内成立，或者实际管理机构、总机构在该国境内的企业）之间的投资所得

（股息、红利）免征企业所得税（一般企业所得税税率最高 25%），换句话说，当老板用公司去持股另一公司时，从后者获得的分红，是无须缴纳企业所得税和个人所得税的，这笔"免费"的分红打入老板的持股平台公司。

间接持股的优势表现在以下几方面。

第一，老板的投资收益可以免交个人所得税，而沉淀到持股平台（公司）中，老板可以拿来消费，比如可以买车、买房（以公司的名义持有）、参加各种培训班，该部分支出是免收个人所得税的。老板个人或家庭如果需要资金消费，也可将持股平台中的部分金额以分红的名义分配给老板，这部分分红就需要缴纳个人所得税。

第二，持股平台中沉淀的资金，老板可以拿去投资别的项目、设立别的公司，让蛋糕越滚越大。

第三，持股平台可以不从事具体的业务，只作为老板的金库而存在，也就无须缴纳税费，可进行零申报。

第四，通过间接持股，能够有效避免"将鸡蛋装在一个篮子"，由于老板名下各公司间承担的都是互不连带的有限责任，可大大降低资金风险。

通过公司间接持股也有其缺陷，当该项投资需要退出或转让时，将会承担高额税负，需要交两道税。根据法律规定，持股公司在转让限售股时，会按 25% 的税率缴纳企业所得税，持股公司在向自然人股东分红时，自然人股东还需按 20% 的税率缴纳个人所得税。例如，2007 年，中国平安保险（集团）股份有限公司数千名内部员工股东就是通过 3 家持股公司代持了数百亿市值的公司股票，当限售股解禁后，如果出售的话，就需要缴纳上述两道税。

实操中，老板用来间接持股的公司，一般都是投资公司，即老板先注册一家投资公司，投资公司以股权转让或增资扩股的方式进入其他关联公司，然后通过股东分红的方式获得分红款，再用这些钱滚动投资其他项目，以实现节税的目的。

投资公司有多种类型，对注册资本的要求也不尽相同（表 2-5）。

表 2-5 投资公司类型及注册资本

投资公司类型	注册资本 / 万元
投资咨询有限公司	3
投资顾问有限公司	3

续表

投资公司类型	注册资本／万元
投资管理有限公司	100
投资有限公司	1 000
创业投资有限公司	1 000
高科技投资有限公司	3 000
投资担保公司	3 000

如果是一人股东注册投资公司，注册资金需一次性到位，不能分期出资。二人或多人注册投资公司，注册资金可以分批出资，首批注册资金不低于注册资金总额的 20%，其余注册资金可在 5 年内陆续到位。

投资担保公司的高管要具备大专学历，有银行等相关机构两年以上的工作经历；公司董事要具备大专学历，有相关经济工作 3 年以上的从业经历；公司高管中必须有律师、会计师、经济师，并且股东和高管都要出具无犯罪证明和银行资信证明等。

投资公司是投资自有资产并作为其主要业务进行投资的公司，它不同于金融信托投资公司，《中华人民共和国公司法》已经确认了这种形式的投资公司，投资公司可以在其名称中使用"投资"一词，并可作为该行业的概念。投资公司业务范围内的"投资"是指公司在一个行业中投资、行业的范围，并不意味着公司直接经营业务。

四、股权转让如何合理节税

股权转让一般涉及四个税种。

第一，印花税。股权转让印花税税率为万分之五。不论是企业股东还是自然人股东，也不论是上市公司还是非上市公司，转让股权都要缴纳印花税，且买卖双方都要缴纳。

第二，增值税。对于公司、合伙企业、个人独资企业转让上市公司流通的股权，需要按照金融商品转让所得征收增值税；而转让非上市流通股权或者是合伙企业的股份，则不属于增值税的征税范围。个人股东，或者个体工商户转让上市公司的股权，可以享受免征增值税的优惠政策。

第三，个人所得税。自然人股东转让股权，需要缴纳 20% 的个人所得税。

第四，企业所得税。如果股权转让方为企业，则会涉及企业所得税，一般税率为 25%，符合高新技术企业要求的税率为 15%，符合小型微利企业条件的税率最低可达 2.5%。

股权转让中涉及的印花税和增值税几乎没有筹划空间，主要谈一下个人所得税和企业所得税的节税筹划。

1. 自然人股东（直接持股）股权转让节税筹划

自然人股东进行股权转让的节税空间较小，因为个人所得税是不可避免的，这也是为何我们在前文强调老板最好以公司的名义来持股，而非个人名义。

自然人股东进行股权转让，可通过两种方式来适当降低税费。

第一，以正当理由低价转让股权。根据《股权转让所得个人所得税管理办法（试行）》（国家税务总局公告 2014 年第 67 号）第十条规定，股权转让收入应当按照公平交易原则确定。同时，第十三条从股权交易的实际出发，对具有"正当理由"的低价转让股权做了例外规定——符合下列条件之一的股权转让收入明显偏低，视为有正当理由：

（1）能出具有效文件，证明被投资企业因国家政策调整，生产经营受到重大影响，导致低价转让股权的；

（2）继承或将股权转让给其能提供具有法律效力身份关系证明的配偶、父母、子女、祖父母、外祖父母、孙子女、外孙子女、兄弟姐妹以及对转让人承担直接抚养或者赡养义务的抚养人或者赡养人；

（3）相关法律、政府文件或企业章程规定，并有相关资料充分证明转让价格合理且真实的本企业员工持有的不能对外转让股权的内部转让；

（4）股权转让双方能够提供有效证据证明其合理性的其他合理情形。

以低价转让股权来节税的操作模式，主要适用于密切利益相关人之间，比如夫妻、父子、兄弟之间，否则，低价转让股权本身也会让股东利益直接受损，该损失甚至会高于节税所带来的收益，得不偿失。

第二，恰当运用"核定"法。《股权转让所得个人所得税管理办法（试行）》第十七条规定："个人转让股权未提供完整、准确的股权原值凭证，不能正确计算股权原值的,由主管税务机关核定其股权原值。"

对于核定方法,该规定并没有给出具体的方案,而是把权限给了各地税务机关。比如,陕西省税务机关会结合验资报告、银行询证函、银行存款日记账、实收资本(股本)账面记录、公司章程等进行审核对比以核定原值;海南省按申报的股权转让收入的一定比例(15%)核定计税成本,要低于正常的税率。

第三,通过变更被转让公司注册地来争取税收优惠或补贴。为了促进经济发展或招商引资,国家及地方层面都出台了一系列的区域性税收优惠政策,很多经济开发区还推出了财政返还政策。比如,个人独资企业小规模的可以申请核定征收,核定征收之后享受个税税率 0.5%～3.5%。因此,可通过变更注册地或在园区新办公司,让股权转让方实现成功节税。

2. 公司股东(间接持股)股权转让的税务筹划

自然人通过成立投资公司或合伙企业作为股东的间接投资模式在股权投资与转让退出的过程中具有相对较大的合法节税空间。

案例 2-1

A 公司在 B 公司中持股比例为 40%,初始投资为 50 万元,截至股权转让前,A 公司账户上拥有 200 万元的未分配利润。现 A 公司陈老板计划将手中股权以 180 万元的价格转让给自然人 C。

如果陈老板直接转让股权的话,则股权转让所得 =180-50=130(万元),应缴个人所得税 =130×20%=26(万元)。

直接转让的税额较高,我们结合这个案例,来谈一下股权转让中所得税筹划的常见方法。

第一,先分红,后转让。《国家税务总局关于贯彻落实企业所得税法若干税收问题的通知》(国税函〔2010〕79 号)第三条规定:"转让股权收入扣除为取得该股权所发生的成本后,为股权转让所得。企业在计算股权转让所得时,不得扣除被投资企业未分配利润等股东留存收益中按该项股权所可能分配的金额。"

根据该条规定，企业享有的被投资企业相当于股息、红利的收入可以免征企业所得税，企业股东转让股权中进行税收筹划的关键在于将应税所得转化为免税所得。

针对上述案例，具体操作为——

案例2-2

B公司先根据A公司的持股比例将未分配利润进行分红。A公司可获得分红：200×40%=80（万元）。

A公司获得的分红可免缴企业所得税，分红后A公司股权转让价格变为：180-50-80=50（万元），这样股权转让需要缴纳的企业所得税为：50×20%=10（万元），相对于直接转让股权，可以少缴税16万元。

第二，延迟纳税义务发生的时间。国税函〔2010〕79号文件规定："企业转让股权收入，应于转让协议生效、且完成股权变更手续时，确认收入的实现。转让股权收入扣除为取得该股权所发生的成本后，为股权转让所得。"另外，国家税务总局2010年第19号公告规定："企业取得财产（包括各类资产、股权、债权等）转让收入、债务重组收入、接受捐赠收入、无法偿付的应付款收入等，不论是以货币形式、还是非货币形式体现，除另有规定外，均应一次性计入确认收入的年度计算缴纳企业所得税。"

据此，公司间的股权转让是在完成股权变更手续时才发生纳税义务。因此，就可在股权转让款分期收取的情况下，约定收到全部或绝大部分股权转让款后再办理股权变更手续，以延迟缴纳企业所得税。这种筹划方式，尽管不能减少税款，但能够充分利用资金的时间价值，缓解公司现金流紧张的问题。

第三，设立小微型投资公司为持股平台。财政部、税务总局2021年第12号公告规定，为进一步支持小微企业发展，对小型微利企业年应纳税所得额不超过100万元的部分，在《财政部 税务总局关于实施小微企业普惠性税收减免政策的通知》（财税〔2019〕13号）第二条规定的优惠政策基础上，再减半征收企业所得税（本公告执行期限为2021年1月1日至2022年12月31日）。

小型微利企业根据原优惠政策，100万元应纳税所得额以内的，实际税负在5%，再减半就降到了2.5%。

还以上述案例为准，如果 A 公司是符合小微企业认定标准的持股平台（投资公司）的话，则获得分红后，股权转让所需缴纳的企业所得税为：50×2.5%=1.25（万元）。股权转让的税费已经降至一个极低的水平。

第四，变更企业注册地至税收优惠地。我国部分地方政府为了招商引资，对注册在本辖区内的企业给予区域性税收优惠政策及税收返还补贴政策。将持股公司注册至税收优惠地，可以达到降低股权转让中的企业所得税支出的目的。

五、扩张模式设计：总分公司、母子公司、兄弟公司

小公司潜力足够大，老板能量足够强，小公司迟早会发展壮大，随着公司业务和规模的不断壮大，公司顶层设计和组织架构也要适时做出调整。

1. 公司扩张的三种模式：总分公司、母子公司、兄弟公司

第一，总分公司。分公司并不是严格意义上的公司，也不具备法人资格，它只是总公司下属的可以直接从事业务经营活动的分支机构或附属机构。分公司的人事、业务、财产受总公司的直接控制，在总公司的经营范围内从事经营活动。

相对总公司，分公司没有独立的法律地位，不能独立承担民事责任。分公司也没有独立的财产，其所拥有、使用的财产属于总公司财产的一部分，要列入总公司的资产负债表。

总分公司适用于同行业且模式相同的公司。例如，某偏居一隅的奶制品公司，由于营销推广工作做得出色，在其他地域的市场需求也迅速扩大，公司为了满足市场需求，就要在外地建立分厂，扩大生产规模，而新厂的经营模式、运作模式和总公司完全一致，这种情况就可以选择在外地建立分公司，采取总分公司的扩张模式。

总分公司模式下，企业扩张风险相对更小，因为经营模式已经得到了探索和总结，被证明是成功的、可行的，分公司的扩张风险将大大降低；总分公司之间，不是上下游的合作关系，双方的一些经济往来也无须开票；分公司的企

业所得税可以汇总到总公司一并缴纳，由于分公司前期投入较高，利润较少，甚至是负利润，就可以汇总到总公司，冲抵总公司的所得税基数，降低企业所得税支出。

例如，北京某公司2021年度实现经营利润300万元，而其位于河北廊坊的分公司当年亏损额为200万元，同总公司利润汇总后，所得税缴纳额为

$$(300-200)\times25\%=25（万元）$$

分公司还有几个不容忽视的特征。

（1）分公司不能进行独立的融资、贷款活动，只能由总公司进行。

（2）分公司不能享受小微企业的税收优惠政策，通常只能按照25%的税率缴纳企业所得税。

（3）分公司不能独立申请政府相关部门的帮扶政策。

（4）由于不具备独立的法人资格，分公司的注销相对简单。

第二，母子公司。母公司，是指拥有另一公司一定比例以上的股份或通过协议方式能够对另一公司实行实际控制的公司。子公司则是指一定比例以上的股份被另一公司所拥有或通过协议方式受到另一公司实际控制的公司。

母子公司中，母公司是控制方，子公司是被控制方。在法律地位上，子公司属独立的公司法人，拥有自己的名称和公司章程，子公司的财产也不从属于母公司，而是互相独立，子公司能以自身的名义展开经营活动。子公司具有法人资格，能够独立承担民事责任，子公司和母公司分别以自身所拥有的财产为限承担各自的责任，不承担连带责任。

母公司对子公司一般不是直接控制，而是通过任免子公司董事会成员、作出投资决策等方式来影响子公司的生产经营活动。

如果原公司打算新设立的公司和自身属上下游行业关系，就可选择母子公司的扩张模式，设立子公司。比如，企业如果想进军上下游产业链，提升竞争优势，就可以向上游成立供应商子公司，向下游则可成立经销商、零售商子公司。子公司在经营中即使遇到经营风险和财税风险，也只需独立承担，不会连带母公司。

从节税角度看，上下游关联的母子公司之间的货物、服务往来都可以正常开具发票，进行增值税抵扣。而在实务中，很多上下游供货商的财务运作都不规范，无法开具发票，也就不能进行增值税抵扣。

子公司可以独立承担风险，母公司只承担自身出资比例部分的风险。和分公司不同，子公司也可以独立申请贷款、进行融资，能够申请财税优惠、帮扶政策，甚至可以组建企业集团、上市等。

第三，兄弟公司。受同一实际控制人控制的两个或多个公司之间互为兄弟公司，如果企业实施的是多元化发展战略，跨行业、跨领域发展，则可成立多家子公司（兄弟公司），由总公司进行控股，可以充分分散风险。

兄弟公司多是跨行业经营，但股东相同，各公司之间互相独立运营，互不承担连带责任。兄弟公司之间的资金拆借，也需要通过正常的借款流程，并支付利息，收取利息的一方需要就利息收益缴纳相关税费。

2. 从税收筹划角度，如何选择公司扩张模式

子公司能够独立就地进行申报、缴纳所得税；分公司由总公司统一核算、就地预缴、汇总清算缴纳，特殊情况下需参照独立纳税人就地申报缴纳。兄弟公司类似母子公司，这里不再单独来谈。

公司在扩张时，总分公司模式和母子公司模式哪种税负更低呢？需要具体问题具体分析。

来看两个案例：

▎案例 2-3 ▎

甲公司计划在 2021 年 9 月投资设立一家新公司乙，甲公司所得税税率为 25%，假设甲公司 2022 年的预计税前利润为 600 万元，预计乙公司 2022 年的税前利润为 90 万元。

甲公司有两种选择，可将乙公司设立为全资子公司，也可以设为分公司。纳税结果分别如下。

第一，设立乙为全资子公司。

子公司乙符合小型微利判定条件，需要缴纳企业所得税额为：$90 \times 5\% = 4.5$（万元）。

甲公司需要缴纳企业所得税额为：$600 \times 25\% = 150$（万元）。

则母子公司总计缴纳企业所得税额：$4.5 + 150 = 154.5$（万元）。

第二，设立乙为分公司。

总分公司的企业所得税缴纳基数需要合并，即(600+90)×25%=172.5(万元)。

通过对比，设立分公司要缴纳更多的企业所得税，因为分公司不能享受小微企业的税收优惠政策，只能和总公司进行合并纳税，共同适用25%的税率，企业所得税缴纳额较高。

案例 2-4

A公司计划在2021年9月新设立一家公司B，A公司的企业所得税税率为25%，A公司预计2022年度将实现利润1 000万元，而B公司由于前期投资较大，预计2022年度将亏损500万元。

A公司的扩张模式同样有两个备选项，其一是将B设立为全资子公司，其二是将B设立为分公司。

两种模式的企业所得税计算结果如下。

第一，设立B为全资子公司。

子公司出现亏损，无须缴纳企业所得税，其亏损可结转以后年度，用以后年度所得弥补。

A公司需要缴纳企业所得税额为：1 000×25%=250(万元)。

母子公司整体纳税额为250万元。

第二，设立B为分公司。

总分公司需缴纳的企业所得税额为：(1 000-500)×25%=125(万元)。

对比得知，A公司如果设立子公司，将会缴纳更多的企业所得税，是因为总分公司模式下，总公司和分公司可以盈亏互抵、合并纳税，而子公司属于独立纳税人，其亏损部分只能由以后年度实现的利润去弥补，而无法和母公司进行盈亏互抵。

综合以上案例，公司在选择扩张模式时，并没有哪种模式永远是最佳的，需要结合自身的具体情况来选择最适合公司发展阶段的模式。通常来说，如果新设公司符合小微企业认定标准且能够实现盈利，则可选择母子公司的扩张模式。如果新设公司预计会出现亏损，则可采取总分公司的扩张模式。

六、公司财产、个人财产与家族财富传承设计

创业不易，公司扩张很难；守业更难，家族财富传承难上加难。

老板的公司财产，其实更多是一种纸面财富，如果公司经营突遭变故，所有积累的财富很可能瞬间灰飞烟灭。

老板的个人财产，在公司出现债务危机时，可能要承担连带责任，甚至祸及妻儿。笔者的客户中就有这样一位原本生活富足、家庭美满的小老板，由于职务侵占600万元而被判刑，承担刑事责任的同时，也无法免去民事赔偿责任，导致家庭房产亦被法院查封。一失足，落得"个人身陷囹圄、妻儿无家可归"的下场，十余年的打拼成了一场空，所有财富归零。

老板的财富传承问题也令人担忧。统计数据显示，在未来10年内，将有数百万家民营企业面临传承问题。据麦肯锡发布的报告，全球范围内家族企业的平均寿命只有24年，其中仅有约30%的企业可以传承到第二代，不到13%的传承到第三代，而第三代后只剩下5%的企业还能为股东继续创造价值。放眼国内，公司能够成功传承到二代、三代的更是寥寥无几，概率更低。

对公司经营环境不确定性的担忧，是企业老板在财富传承上的共同痛点，他们担心因政策突变、经济形势变化、接班人的问题而给企业未来经营带来变数，不仅可能导致企业难以为继，甚至祸及个人财产和家人生计。

需要补充的是，老板们对来自内部的忧虑丝毫不亚于外部。举例来说，后代如果组建新的家庭，那么其所继承的家族财产就会一分为二，甚至还会因婚姻关系破裂而外流，整个家族资产便会不断缩水。或者当继承人遭遇债务危机时，家族财富很可能会被偿债，落入他人之手。

这种背景下，"富不过三代"甚至"富不过两代"几乎成为国内民企老板无法打破的魔咒。

老板的财产，不论是个人财产、公司财产，还是家族财富的传承，都需要未雨绸缪，及早做好规划与设计。

在老板的财富管理中，资产保护、财富传承、资产的保值增值缺一不可。

1. 避免家企财产混同

家企财产混同，是小公司老板经常会遇到的财富管理乱象。笔者在和企业家交流时发现，多数老板更关心的是如何将"盘子"做大，更关注企业的业绩增长，甚至不惜用私人财产、家庭财产来为企业输血或提供担保，忽略了家企不分的风险。一旦公司经营出现问题，背上债务，而公司又没有偿还的能力，势必会影响到家庭财产。

在我国，夫妻公司和兄弟公司是为数最多的两类家族企业。在公司存续过程中，用家庭财产出资，或者家庭成员个人提供担保等家庭财产和企业财产混同情况极为常见。一旦企业对外负债被债权人起诉或者申请执行，家庭成员将面临共同承担债务、家庭财产或个人财产被法院执行的风险。

┃案例 2-5┃

2019年11月6日，王思聪被列为被执行人，限制高消费。因其旗下的熊猫互娱为进行融资而和投资方签了对赌上市协议，王思聪以个人名义进行了担保，如果不能实现对赌协议中的承诺，王思聪个人就要承担相应连带风险。最后的结果大家都知道，熊猫互娱上市失败，公司债务牵连到王思聪本人，他为当初的担保而付出代价。

不仅仅是王思聪，企业自成立之初到注销都可能发生企业老板及家庭成员被牵连、背负公司债务等情况，其原因主要包括：设立阶段出现虚假出资、出资不足以及抽逃出资的行为，公司经营阶段出现财产混同、滥用股东权利、提供债权担保等行为，公司解散、清算、注销时期出现怠于履行清算义务导致无法清算、未在法定期限内清算等行为，导致老板个人或家庭承担连带责任，甚至还要面临承担刑事责任。

有没有办法来规避这种风险，进行财产保全呢？

第一，对于一人有限公司（包括夫妻公司），由于股东要对公司债务承担连带责任，因此股东的决定要同时满足书面形式、股东签字、公司备案三个条件，每年度编制的财务会计报告需进行审计，避免风险。

第二，做好企业性质变更。《中华人民共和国公司法》第六十三条规定：

一人有限责任公司的股东不能证明公司财产独立于股东自己的财产的,应当对公司债务承担连带责任。一人有限责任公司债务责任重,个人资产可能会被抵偿公司债务,老板最好吸纳新股东进入,变更为多股东有限责任公司。

第三,规范财务制度,经营中尽量避免公司和个人账务混同,很多老板在公司经营过程中,不区分个人账户和公司账户,资金往来过密,既存在被认定为财产混同的可能,也有可能被认定为抽逃出资。

第四,谨慎为企业融资借贷提供担保。王思聪等之所以被列为被执行人,就在于其以个人名义为企业提供担保。老板应做好行业风险预判,在为企业进行融资或借贷担保时,要慎之又慎。

第五,对夫妻财产进行有效约定公证或律师见证。所谓"祸不及妻儿",老板夫妻之间可以提前进行财产约定,不仅能避免个人债务变成夫妻共同债务,而且也能防止公司日后因"后院"问题而出现纠葛,导致矛盾丛生,甚至上市受阻。

2. 家族信托:防御性的家族财富传承工具

家族信托,是海外富人和企业家阶层所青睐的家族财富管理工具。2018年8月17日,银保监会37号文首次对"家族信托"进行定义。所谓家族信托,是指信托公司接受单一个人或者家庭的委托,以家庭财富的保护、传承和管理为主要信托目的,提供财产规划、风险隔离、资产配置、子女教育、家族治理、公益(慈善)事业等定制化实务管理和金融服务的信托业务。

《中华人民共和国信托法》第十七条明确规定,除法定情形外,对信托财产不得强制执行。这意味着,委托人设立信托后,信托财产就成为区别于其个人财产的独立财产,不会因为委托人的债务受到执行。同时,也不会因为信托公司的债务受到执行,因为信托财产不属于信托公司。再者,受益人如果有债务,可以通过通知受托人暂停分配信托利益或者干脆放弃受益权的方式,来避免自己的信托财产被债务牵连。

和其他投资性质的信托不同的是,家族信托所做的更多是防御性的安排:从老板们的现有资产中拿出一部分放在"安全罩"里。

家庭信托,其实就是为老板们未来的财产安全设置了一重"保险",但又不同于商业保险，因为商业保险是事后的赔偿，相对较"死"，而家族信托则是"活"的财富，不仅条款灵活，而且所管理的是资产的整个生命周期。

从保护老板个人、企业财富和财富传承的效力来看，家族信托能够使其最大限度地免于未知风险的侵蚀。

3. 购买商业保险

保险也具备资产隔离功能，主要体现在对企业老板夫妻财产隔离和债务隔离方面，人寿保险也能通过杠杆效应，放大寿险保额，达到资产传承、节税保值的效果。

4. 进行海外资产配置

研究显示，我国企业家阶层和富人阶层，出于规避财富风险的考虑，开始逐步在海外进行家族资产配置，如通过移民、绿卡、海外购置地产等方式规避风险，不至于在突发风险来临时，变得一无所有。

5. 将房产及资金赠予子女

此举主要是为了规避未来可能征收的遗产税，老板在进行家族内部财产转移时，也要将部分财产留在自己名下：一方面是出于资产控制权的需要；另一方面也是为日后养老考虑，手中有资本，才能有所依托。

第三章

财务人员管控：
用"考核"去管理"财务"

企业管理以财务管理为中心，财务部是老板进行财务管理的代言人，财务部能否充分发挥其作用，关键看老板如何对其进行定位——大财务还是小财务？财务部财务还是公司财务？记账型财务还是价值型财务？管理型财务还是服务型财务？还要看老板对财务部、财务经理、财务人员是否具备足够有效的管控手段和考核手段。

一、小公司老板如何定位财务部

我们常说:"如果一个公司财务管理得不错,那么这个公司再差也差不到哪里去。相反,如果一个公司的财务管理不善,那么这个公司再好也好不到哪里去。"

为何有这样的结论?

企业管理以财务管理为中心,大至世界500强企业,小至家族作坊式公司,财务管理都是不可或缺的。财务部是老板进行财务管理的代言人,无论哪一家企业,会计、出纳等岗位都是不可或缺的,财务部不仅担负着企业资金、票据、有价证券的保管职责,还负责资产保管、资金预算、税务筹划以及业务核算等工作,是企业整体运营中的一个重要关卡。

财务部作为企业的神经中枢,其触角能传达到企业的每一个角落,能够实现对企业经营信息的全面掌握。如何才能让财务部发挥其应有的作用和潜能,关键在于老板对财务部的认知和定位,而小公司的财务部在定位上和成熟的大中型公司也有所不同。

1. 公司财务还是财务部财务

如果老板对财务的定位为财务部财务,财务部的职能将停留在财务部办公室内,负责基本的记账、报税、发工资等工作,很难走出去和其他部门实现完美的配合,也就谈不上业财融合,财务部只是企业中的一个"孤岛",发挥不了其神经中枢的作用,充其量是"小财务"。

如果将财务部定位为整个公司的财务,财务人员除了完成上述基础工作之外，还要主动走出财务部，深入企业的各个部门，充分收集信息和数据，分析数据，从财务管理的视角作出判断，为老板或其他管理人员提出合理化建议和决策支持，做老板掌控公司的贤内助，为真正意义上的"大财务"。

老板对财务部的定位一定是公司的财务而不仅仅是财务部的财务，否则，财务部真正的职能和潜能就难以发挥出来。

2. 记账型财务还是价值型财务

绝大多数小公司的财务部都是记账型财务，业务部门将单据、凭证送至财务部，财务人员据此按部就班地根据会计准则进行记账、算账、报账，按照税收政策进行纳税申报，这种财务运作模式也并无不可，但最多算得上一种维持型财务，因为"不管你记还是不记，企业的资产就那么多；不管你算还是不算，企业的利润就那么多；不管你报还是不报，企业的现金就那么多"，而无法给企业、给老板创造价值。

而价值型财务，不仅能够从事记账、报税等基础性工作，还能进一步发挥会计的管理功能，去主动为企业创造价值，例如：

（1）为业务部门的决策提供支持，积极参与业务。

（2）通过标杆管理，帮助企业取长补短。

（3）从业务部门的角度结合公司整体目标设计、规划公司的组织结构、业务流程，在控制和效率之间取得平衡。

（4）通过财务数据，发现公司制度、流程和管理中的问题，指导业务部门如何做得更好。

（5）通过竞争者财务数据分析，掌握竞争对手动态，参与到企业的规划中。

（6）通过数据管理，把各个部门在偏离企业整体目标的时候拉回到正确的轨道上来。

（7）通过财务数据分析，为老板和高管提供决策依据。

（8）通过税务筹划，为公司节税降税，变相为公司赚钱。

（9）小公司资源有限，人手通常也很紧缺，更应当让财务部成为全能部门，成为价值型财务部，让财务人员成为多面手，实现人力资源效能的最大化。

3. 管理型财务还是服务型财务

公司的财务部是管理型还是服务型，有一个简单的衡量标准：如果财务部行事风格强势且有较大权限，则多半属于管理型财务；反之，则是服务型财务。

就拿公司日常账单报销这件小事来说，如果报账者要先找部门主管签字，再去财务部审批，通常属于管理型财务。如果报账者需先找财务部签字，再去部门经理处审批的话，则往往属于服务型财务。

小微企业、家族化企业和国有企业的财务部多属于管理型财务，财务部比较强势，权力较大。而那些大型民营企业、科技公司、上市公司的财务部多为服务型财务，更强调的是流程化驱动，管理较为规范。

财务部究竟是管理导向还是服务导向，取决于公司的长远发展规划和当下内部管控的现实需求。

4. 根据企业发展阶段对财务部进行动态定位

公司在发展，财务部的定位要与时俱进。

公司初创期，人员少，业务简单，资金规模比较小，财务部的功能聚焦在出纳、记账、报税、简单核算，发挥的是小财务的职能。

随着公司的扩张和人员的增加、业务的不断拓展，公司进入更大范围的市场，拥有了更多的产品线，公司的货物流、资金流增大，一方面加重了财务部的工作担子，另一方面也产生了更多的财务风险。在公司高速发展阶段，财务部要充分发挥控制职能，建立一套科学的财税管控机制和控制体系，规避财税风险，避免失控。

当公司规模和实力进一步壮大，在业内已经占据了一席之地，同时，公司面临的内部管理环境和外部市场竞争环境都变得越来越复杂，财务部需要广泛参与到企业经营的各个环节、各个领域，需要从资金、库存、账务等方面加强管理来保障企业运营安全，运用多种财务分析和控制手段，对一些未知的风险作出预判和防范。

当公司发展进入成熟期，要积极寻找新的市场机会和投资机会，通过资本手段进行业务扩张和跨领域整合。财务部要充分发挥投资、并购、尽职调查和上市筹划等资本运作职能，让企业资本得到充分利用，避免不必要的闲置和税务支出。

财务的职能在上述企业阶段有可能会出现交叉融合、相互重合，企业也可能出现跨越式发展，也有更多的企业会停留在某个阶段止步不前，老板对财务部的定位要充分考虑企业的个性化因素，妥善进行差异化定位。

但不论是管理型财务还是价值型财务，都会对财务人员提出更高的要求，尤其是像财务的风险管控、年度资金预算计划、决策支持数据分析、税务筹划等工作，一般的小财务很难做到。老板一方面要把好财务人员的招聘关，提高财务人员的准入门槛；另一方面也要给予充分的资源支持、权限，以及对等的薪酬待遇付出。

二、财务人员的基本胜任素质

对财务人员的最基本要求，是能够胜任本职工作。对小公司来说，很多情况下，能够招聘到足够胜任本职工作的员工，就是一种成功。相对大公司，小公司对财务人员的吸引力要大打折扣。

如何在资源、竞争力有限的前提下，招到适合小公司的财务人员，需要老板下一番功夫，建议从胜任力的角度去选拔适合的财务人员。

管理学上，界定员工是否胜任有一个专有名词——胜任力。1973年，哈佛大学教授戴维·麦克利兰首次提出了这个概念。胜任力，简单而言是指能将在同一工作中表现卓著者和表现一般者相区别开的个人内在特征。这些特征通常表现为价值观、动机、态度、个人特质、专业知识和技能等可以被测量的个体外在特征。

也有专家从职业、行为、综合三个更宽泛的维度定义了胜任力。

（1）职业维度，包括那些用于处理具体的、日常工作的技能。

（2）行为维度，是指用来处理非具体的、随机性任务的技能。

（3）综合维度，通常是指结合具体情境而定的一种管理技能。

胜任力是一种能力，它是决定员工工作成效的一种持久特质。那些绩效出众的财务人员都具有极强的判断力、及时发现问题的能力以及快速行动的能力。

胜任力是一个具有针对性的、动态性的能力概念，它会由于岗位、职业特征的不同而不同，这种不同又可以表现在三个层面。

首先，在不同企业和不同行业中，相同或类似工作岗位上，员工的胜任力特征是不同的。

其次，在一个企业中，不同的工作岗位所要求员工具备的胜任力的内容和水平是不同的。

最后，在一个部门中，即使相同的工作岗位，所要求员工具备的胜任力的内容和水平也是不同的，比如在财务部，同样身处会计岗位的员工，他们的具体工作指向可能是成本会计、核算会计，也可能是出纳，其胜任力的内涵也就各不相同。

针对胜任力的这些情况，企业老板及相关管理人员应该本着"人员—职位—部门—组织"四者之间相互匹配的原则，从整个组织的长期目标和企业战略角度出发，对财务人员进行全面的胜任力考量。

1993年，美国心理学家斯班瑟提出：素质在个体特质中扮演深层且持久的角色，而且能预测一个人在复杂的工作情境及担任重任时的行为表现。此后Hay集团提出了与职位相对应的胜任素质模型，也就是著名的"冰山模型"，该模型下，员工胜任素质是由表3-1所示要素构成的。

表3-1 员工胜任要素表

构成要素	详细描述
知识	指个人在某一特定领域拥有事实型或经验型的信息
技能	指个体能够有效运用知识完成某项具体工作的能力
自我认知	指个体对自身状态感知能力，对自己的认识和看法，它包括对自己的长处和弱点、思维模式、解决问题的风格、与人交往的特点以及对自我角色合理定位等的认识，如自信心、乐观精神等
价值观	指一个人对事物是非、重要性、必要性等的价值取向，如合作精神、献身精神等
品质	包括气质、性格、兴趣等，是个体的一些表现，如性格内外向、不同的气质类型等
动机	指推动个体为达到某种目标而采取一系列行动的内驱力，如成就动机强烈的人会持续不断地为自己设定目标并努力达到

该模型之所以被称为"冰山模型"，在于个人能力仿佛冰山，浮出水面的部分象征一些专业知识、技能等表层特征，这些特征只是对一个胜任员工的最基本要求，而且它们也是容易培养、容易感知和判断的。也正因为如此，它们

并不能用来决定或判断一名员工工作中是否有突出的表现；而埋藏在冰山下面的则是品质、动机、态度、自我认知和价值观等那些深层次胜任特征，它们才是与高绩效密切相关的，但却不容易衡量和考核。

冰山下面的东西，是最不可忽略的。就像两个刚走出大学校门的毕业生，他们的起点基本一样，但两三年之后，他们之间的差距会被拉得很大，甚至是一个人平步青云，而另一人则一直在原地踏步。导致这种巨大反差的根本因素，就是那些隐藏在冰山之下的东西，也就是一个人的品质、自我认知、态度、动机或价值观等深层次因素。

因此，评判一个财务人员能否产生卓越的业绩，是否能够取得不断的进步，要对他们"冰山模型"所包含的水上部分和水下部分的素质进行综合考量。

1. 冰山上的部分：财务人员应具备的知识和技能

"冰山模型"水上部分胜任素质主要包括胜任岗位所必备的知识和技能，财务是专业性非常强的一项工作，对专业和技能有着非常高的要求。

第一，财务人员应具备基本的专业知识。财务人员应具备会计、财务管理等专业背景，学习过会计学、审计学、财务管理等学科的知识，具备管理、经济、法律和会计学等方面的知识与能力。

财务人员的财务知识体系分为通用知识体系和专业知识体系，通用知识体系包括管理学、沟通学、计算机应用等方面的知识，专业知识体系主要指会计学基础理论、审计、财务管理等方面的知识。

具备基本和必备的专业知识，是财务人员胜任工作的基础。

第二，财务人员应具备基本技能。财务人员必备的技能包括以下几方面。

（1）会计核算能力。财务人员需要掌握扎实的会计知识，对企业的经济业务进行会计核算。核算是会计两大职能之一。核算工作，一方面要严格按照会计准则和会计制度的要求，另一方面还要结合企业的行业特点，以及管理的需求等要素。核算工作要做到及时、准确、全面。

（2）财务管控能力。监督是会计的另一职能，财务人员要熟悉企业流程、制度，掌握企业内控关键点和风险点，堵住漏洞，做好风险防控，协助老板提升企业的财务管控能力。更高级别的财务管控能力还体现在流程管理、资金管理、预算控制、资本运作、税务筹划、业绩评价等方面。

（3）财务分析能力。胜任的财务人员通过财务分析，可以识别企业的各项经济指标，找出实际数据与预算、市场的差距，提出合理化改善建议，做好老板的决策参谋。

（4）学习能力。财务人员应具备良好的学习能力，从知识的丰富到知识的应用，做到活学活用、不断提升，同时要对各种新出台的财税政策了然于胸，用来指导企业的财税工作。

（5）沟通能力。财务人员身处财务部的小团队和公司的大团队中，要具备良好的沟通能力和内外协调能力，具备团队合作意识，将内部消耗降到最低。对内来说，财务人员要和产供销、研发、储运等部门打交道；对外，财务人员要和银行、市场监管、税务、财政、审计等政府部门协调。学会勤于沟通、善于沟通，做到互通有无、信息顺畅。

2. 冰山下的部分：财务人员应具备的价值观、品质、角色定位

冰山下部分的胜任素养包含角色定位、价值观、自我认识、品质和动机等方面，这些特质是潜在的内意识，在短期内很难进行准确的测量和考核。提高财务人员的胜任素养是一项长期的系统工程，提升的途径也不仅仅局限于学习培训、继续教育等方面，更要关注其日常的表现、心智修炼、思维模式及实践能力等方面。

第一，财务人员的角色定位和价值观。财务人留给别人怎样的第一印象，既是由内而外的，也是相由心生，要通过当面沟通和深入交流去识别其价值观，看其角色定位和价值观是否与企业对财务人员的定位和价值观要求相符。

第二，财务人员的品质。品质即职业道德，《会计基础工作规范》对会计人员职业道德的界定有六个方面：敬业爱岗、熟悉法规、依法办事、客观公正、搞好服务、保守秘密。同时，财务人员还要具备忠诚守信、甘于奉献、脚踏实地、用心做事、耐得住寂寞、禁得起诱惑等品质。

第三，动机。动机指在特定领域的自然而持续的想法和偏好，它引导和决定一个人的外在行动。比如自信、耐心、亲和力、领导力、主动性、团队意识、服务意识等。

三、老板如何驾驭财务经理

老板管控财务，关键在于管控财务部，对财务部的管控，重点在于掌控好财务经理。财务经理是高起点、高要求、高标准、高素质的职业经理人，也是公司价值创造的增长点所在，公司的"三驾马车"无论如何都应当有财务经理（财务部）的一席之地。

老板管控好了财务经理，就控制住了财务部，也就能管控好整个企业的财税工作。

1. 专业能力把控

老板要牢牢掌握对公司核心管理人员的人事权，对于财务经理，要直接参与其考核、委任，同时加强日常管控，避免被架空，尤其是当老板离场管理时，更要防止被经理人和财务负责人联合架空。

相对普通的财务工作人员，财务经理更要具备高超的专业能力和专业素养。从胜任角度考量，称职的财务经理要满足以下专业能力上的要求。

（1）财务经理通常是公司经验最丰富、能力最强、从业时间最长的财会工作者。

（2）能够全面操盘企业财务核算和财务管理工作。

（3）以财务工作为基础，为业务部门提供财务支持和财务管理的基础服务。

（4）能够全面负责企业的财务核算和财务管理工作。

（5）能够在公司项目经营中提高财务参与度。

（6）以财务工作为基础，为资金管控提供资源配置和融资筹集。

（7）以财务工作为基础，在项目经营中进行财务参与和公司经营资本运作。

（8）建章定制懂内控，根据公司的实际情况，编制各种财务制度流程，主导推行落实工作，以此来优化企业的管理。了解公司内控重点有哪些，如采购内控、销售内控、存货内控、资金内控。

2. 职业素养把控

财务经理的职业素养主要体现在两个方面。

第一，职业操守把控。

财务经理也是公司的财务从业者，必须遵循财会人员基本的职业道德。

根据《中华人民共和国会计法》和《会计基础工作规范》的规定，会计人员职业道德的内容主要包括以下几个方面。

（1）敬业爱岗。热爱本职工作，这是做好一切工作的出发点。只有建立了这个出发点，才会勤奋、努力钻研业务技术，使自己的知识和技能适应具体从事的会计工作的要求。

（2）熟悉法规。会计工作不只是单纯的记账、算账、报账工作，会计工作时时、事事、处处涉及执法守规方面的问题。会计人员应当熟悉财经法律、法规和国家统一的会计制度，做到自己在处理各项经济业务时知法依法、知章循章，依法把关守口，同时还要进行法规的宣传，增强法制观念。

（3）依法办事。按照《中华人民共和国会计法》要求保证会计信息真实、完整的规定，会计人员必须依法办事，树立自己职业的形象，维护人格的尊严，敢于抵制歪风邪气，同一切违法乱纪的行为做斗争。

（4）客观公正。会计人员在办理会计事务中，应当实事求是、客观公正。这是一种工作态度，也是会计人员追求的一种境界。做好会计工作，不仅要有过硬的技术本领，也同样需要有实事求是的精神和客观公正的态度。否则，就会把知识和技能用错地方，甚至参与弄虚作假或者通同作弊。

（5）搞好服务。会计工作的特点，决定了会计人员应当熟悉本单位的生产经营和业务管理情况，因此，会计人员应当积极运用所掌握的会计信息和会计方法，以改善单位的内部管理、提高经济效益服务。

（6）保守秘密。会计人员应当保守本单位的商业秘密，除法律规定和单位负责人同意外，不能私自向外界提供或者泄露单位的会计信息。会计人员由于会计工作性质的原因，有机会了解本单位的财务状况和生产经营情况，有可能了解或者掌握重要商业机密，因此，必须严守秘密。泄密，是一种不道德的行为，会计人员应当确立泄露商业秘密为大忌的观念，对于自己知悉的内部机密，在任何时候、任何情况下都严格保守，不能随意向外界泄露。

第二，领导力把控。

财务经理，首先是一名财务工作者，其次是一名领导者。仅仅具备充足的专业素养，还不足以胜任财务经理的岗位，作为领导岗位，财务经理必须具备充分的领导力。

组织行为学中，有一个值得关注的现象：在等级制度中，每个人总趋向晋升到他所不能胜任的职位，工作表现卓著者将被提升到高一级的职位，如果他们继续胜任，将进一步提升，直至到达他们所不能胜任的位置。

美国学者劳伦斯将这个现象命名为"彼得原理"，它是和帕金森原理、马太效应、水桶理论等齐名的管理学定律。

能够印证彼得原理的实例比比皆是，比如一名优秀的教授被提升为系主任后无法胜任；一个优秀的运动员被提升为主管体育的官员而无所作为；一名会计在被提拔为财务主管后，却根本无法管理、团结整个财务部。

通用电气前明星经理人杰克·韦尔奇的观点则是："在成为经理人之前，每个人的成功只与自身的成长有关；而成为经理人之后，成功则与他人的成功有关。"

概括讲，团队管理人员的职责表现在两个方面，即抓业务和带团队。

所谓"抓业务"，即专业素质首先过硬，能够妥善迅速处理各种专业、业务上的难题，是指能充分运用、合理配置部门内外部资源以创造最大化价值的所有活动。

所谓"带团队"，就是要做一名能够率领、带动、感染、激励团队朝着既定目标勇往直前的"领军人物"，积极主动地培养和提升团队成员的业务能力、合作能力和综合素质，促使他们不断地发展成长，变得更优秀、更胜任。

财务经理，不仅要精通专业知识，还要发挥领导职能，具备相应的领导才能和管理能力，才能管好财务部、带好团队，才能胜任财务部经理的职务。

作为财务部领导，财务经理要充分了解团队中每个人的优势和劣势、每个人的性格特点、每个人的业务特长，让每个人都能在合适的岗位中最大限度地发挥效用；能够及时协调解决员工之间和部门之间的矛盾，让财务部为共同的目标而"力往一处用、劲往一处使"。

3. 老板管控手段的与时俱进

随着公司的不断壮大，以及组织机构和公司制度、运作机制的不断完善，老板对财务经理的管控手段也要与时俱进，因时因势因人作出调整。

在公司起步阶段，对财务经理的任用，老板会任人唯亲，以方便掌控，财务经理最重要的素质是听话，尽可能在合法合规的基础上，按老板指示办事，老板对财务经理的管控更多是"人治"。

当企业发展到一定规模，财务部组织架构日渐完善，财务制度和工作流程逐渐建立、理顺，老板就要逐渐摆脱"人治"，向"法治"转型，即让制度、流程来管控财务经理，老板要从一线事务中抽身而出，在后方运筹帷幄，充分借助监督、检查、考核机制去管控，给予财务经理充分的施展空间，同时也要确保其不失控，要在自己的战略规划和组织框架内实施财务变革。

四、如何对财务人员进行绩效考核

很多小公司都有这样的问题：其他部门可以考核，唯独财务部不好考核。
为什么？因为不敢考核，也无法考核。这些公司的财务大多存在不规范现象和暗箱操作，老板怕考核出问题，泄露企业的财务机密，因此不敢考核。
如果财务没能纳入正常的考核范围，对公司的财税安全来说，更加危险。
德鲁克说过："如果不能衡量，就无法管理。"对财务部进行管控的前提是，要能够进行衡量，能够进行考核。
对财务人员的绩效考核是绩效管理的重要环节，实践中小公司对财务的考核管理推进得并不理想，对财务部的绩效考核处于无效或低效状态，原因可归结为以下几点。
第一，定性指标多于定量指标，打分随意性很大，不能正确地体现绩效管理公平性和客观性。
第二，绩效考核之后见不到改善的结果，最终导致考核者和被考核者将考核作为游戏对待。
第三，绩效考核与其他管理环节脱节或联系不当，导致负面作用过大。

第四，考核加入老板的主观色彩和个人喜好，导致考核评估结果的不公正，难以令人信服。

而对财务人员行之有效的考核建立在以下几个前提之上。

1. 老板要懂财务

老板懂财务，不是像一线财务人员一样精通财务的方方面面，而是要清楚财务工作的基本面，了解重要的财务控制节点，知道如何给财务人员提要求，否则很难实现对财务人员的有效考核。

| 案例 3-1 |

海底捞的老板张勇第一桶金是卖麻辣烫赚来的，《海底捞你学不会》一书中写道：

"一毛钱一串的麻辣烫让张勇赚了第一桶金——一万元钱。一个年轻人捡一万元，或者父母给一万元，同卖 20 万串麻辣烫挣的一万元，是不同的钱。前一个一万元是洪水，会一下把小苗冲走；后一个一万元是春雨，春雨润物细无声。卖了 20 万串麻辣烫的张勇悟出来两个字——服务。"

海底捞的核心竞争力即服务，为何海底捞能将服务做到极致，因为老板张勇最懂服务，对顾客服务的所有环节、所有场景都了然于胸，卖 20 万串麻辣烫的顾客服务经历，让张勇知道应当如何去有效考核员工的服务力。

如果老板（包括部门管理者）能像张勇了解服务那样了解财务，则对财务人员的考核也会更加有效，财务部员工也不敢轻易在老板面前蒙混过关。

老板要知道财务工作的关键点、核心量化指标以及容易出问题和纰漏的环节，这是做好财务人员考核的前提。

2. 量化考核为主

对财务人员的考核要做到"能量化的尽量量化；不能量化的先转化；不能转化的尽量细化；不能细化的尽量流程化"（表 3-2）。

表 3-2 绩效考核指标的四个标准

标　准	适 用 性	解　读
能量化的尽量量化	财务部很多工作都能够量化，可以直接量化	如现金流、利润率、差错率、会计目标综合完成率
不能量化的先转化	对于不能量化、比较模糊的工作可以进行转化	如销售收入政策、会计流程、内部人员满意度等，可通过目标转化的方式来实现量化，转化的工具就是数量、质量、成本、时间等元素
不能转化的尽量细化	对某些工作繁杂琐碎的财务岗，无法确定其工作核心，不好量化，且量化了也不一定做到全面、客观	如财务部主管、出纳、内勤等。针对这类岗位，可采取目标细化的方式：首先对相应职位工作进行盘点，找出该职位所承担的关键职责，然后运用合适的指标进行细化，经过细化的指标就基本上能够涵盖其主要工作
不能细化的尽量流程化	针对工作内容比较单一的岗位，用量化、细化都无法准确衡量其价值，如出纳，从事的多是事务性工作，有任务就做，类似的还有专项会计如销售会计等	此类岗位，可以采用流程化的方式，将其工作按流程分类，从中寻找出可以考核的指标。如销售会计岗位，可针对其具体工作范围，以及所配合的内外部客户，来设计详细的工作流程，针对每个流程，都可以从多个维度来衡量，对评价标准我们还可以列出相应等级。如果考核的话，就由其主管按照这些标准征询其服务客户意见进行打分评估

某公司对财务经理的量化考核指标见表 3-3。

表 3-3 财务经理 2020 年度 KPI（关键绩效指标）

项　目	指 标 内 容	权重 /%
1	公司收入预算完成率	15
2	公司利润预算完成率	15
3	应收账款降低额度（从 300 万元降至 150 万元）	15
4	财务部绩效目标综合完成率	20
5	财务部上年度差错率	10
6	内部客户（其他部门）满意率	15
7	财务部员工满意度提升率	10

3. 定性考核为辅

　　财务人员绩效考核，并非所有工作都可以量化，如果做"一刀切"的硬性量化，反而会出现僵化，效果适得其反。对于不能量化的工作，由于没有量化指标，就要进行定性考核，也叫质化考核、职能考核、功能考核、效能考核。定性考核的主要内容包括以下几方面。

第一，部门职能和岗位职责的履行情况。

第二，对任务的执行能力和执行力度。

第三，除完成指标任务以外的工作情况。

第四，团队合作协调配合、维护大局的情况。

第五，德、绩、勤、能的状况。

定性考核一般多以公开述职和民主评议的方式进行，在述职和评议中，也可以采用表格的方式进行打分。

完善的财务人员绩效考核体系，须做到量化（定量）和非量化（定性）相结合。

4. 长期坚持，不断修正

设计合理的绩效考核措施，一方面会对财务部员工造成压力，压力来自任务、时间以及效果，压力是一种约束。另一方面，绩效考核又会对员工产生一种推力，促使他们努力工作，以得到渴望的报酬、奖励和晋升。

压力和推力，是推动企业前进和运营的原动力，务必长时间维系下去。

企业绩效管理绝非一日之功，不能一蹴而就。实践中，曾经认真对待过绩效管理的企业，要么半途而废，要么变成走过场。造成这种局面的原因，不外乎两条：一是企业从上到下抱怨财务人员的考评不好做，要达到公开、公平、公正就更难；二是考评是一件得罪人的事，只能装门面，不能动真格。

老板的顶层意志的重要性就凸显出来了，只有自上而下强力推进，从上到下不松懈，坚持对财务人员进行绩效考核，才有可能见成效。企业制订的绩效考核方案，很难一步到位、实施阶段就做到十全十美。应在实施绩效考核的过程中，不断征询财务部以及各个层面员工的意见，对考评方案加以修正，而不能因一些不同声音就将考评工作半途而废，将考核机制束之高阁。对财务部绩效考核的实施是一个连续积累、不断创新的过程，绝不能毕其功于一役。

五、财务管控的反舞弊机制

财务掌管着企业的钱袋子，直接经手钱款，是企业经济活动中的一道重要防线。近年来，这道防线失守的趋势越来越明显，企业财务人员贪污舞弊、挪用公款的现象非常突出，给企业造成了严重的经济损失，财务人员的腐败主要表现在以下几方面。

第一，多收少记或收入不入账，这种违法操作手段简单，最为常见。

第二，截留挪用公司公款。

第三，弄虚作假，伪造进账单据，甚至自制取款凭证。

第四，私设账户，有些财务人员利用职务之便搞"账外账"或"私开账户"，将公司公款"体外循环"，私下进入个人腰包。

第五，销毁证据后，携款潜逃。

财务人员腐败舞弊现象的发生，固然有用人不当的问题，但更多还是企业的财务监管机制出了问题，导致内部管理混乱、监管不力，让不法分子钻了管理和制度的空子。

有些企业也构建了财务管控防线，但有章不循，制度形同虚设，导致财务人员缺乏必要的监督约束机制。

针对财务腐败的反舞弊措施主要有以下几点。

1. 健全财务管理制度和内控制度

企业反腐败，制度先行，建立健全各种财会管理制度和内部控制制度。比如：财务人员岗位责任制度，账、物分管制度，签发现金支票审批制度，未达账项清查制度，库存现金盘点制度，出纳报告单制度，会计凭证和账、证、卡、表的复核制度等。

财务内控制度在形式上表现为一套相互监督、相互制约、相互制衡、彼此联结的方法、措施和程序。

2. 不相容职务分离

所谓不相容职务，是指那些如果由一个人担任，既可能发生错误和舞弊行为，又可能掩盖其错误和弊端行为的职务。不相容职务分离的关键在于"内部牵制"，公司每项经济业务都要经过两个或两个以上的部门或人员的处理，财务部门单个人或部门的工作必须与其他人或部门的工作相一致或相关联，并受其监督和制约。

不相容职务一般包括授权批准与业务经办、业务经办与会计记录、会计记录与财产保管、业务经办与稽核检查、授权批准与监督检查等。

为防止舞弊的发生，要做到职责分离，基本要求是：业务活动的核准、记录、经办及财物的保管应当尽可能做到相互独立，分别由专人负责，如果不能做到完全分离，也必须通过适当的控制程序来弥补。应当严格分离的职责，主要包括：现金、有价证券和重要空白凭证的保管与账务处理，贷款的审查与核准发放，会计与出纳，印鉴管理与密押管理，资金交易业务的前台交易与后台结算，损失的确认与核销等。

有效的公司财务管控，要对以下不相容的职责进行分离。

第一，某项经济业务授权批准的职责与执行该项经济业务的职责应当分离。

第二，执行某项经济业务的职责与审核该项经济业务的职责应当分离。

第三，执行某项经济业务的职责与记录该项经济业务的职责应当分离。

第四，保管某项资产的职责与记录该项资产的职责应当分离。

第五，保管某项资产的职责与清查该项资产的职责应当分离。

第六，记录总账的职责与记录明细账、日记账的职责应当分离。

3. 钱账分管

所谓钱账分管，即管钱的不管账、管账的不管钱。企业应配备专职或兼职的出纳员，负责办理现金收付业务和现金保管业务，非出纳员不得经管现金收付业务和现金保管业务。出纳员也不得兼管稽核、会计档案保管和收入、费用、债权、债务账目的登记工作。

建立钱账分管制度，使出纳员和会计人员相互前置、相互监督，减少错误和贪污舞弊的可能性。

如果一个人既管钱又管账，犯错误和进行贪污的机会与成功的可能性就较大。而实行钱账分管制度，两个人犯同样错误的机会或者说串通好同时舞弊的机会会很少。这是钱账分管制度的逻辑基础。

管钱的不管账，并不是说出纳员不能管理任何账，出纳员在办理现金收付业务和现金保管的同时，也可登记现金日记账和编制现金日报表，再由会计登记现金总账。也有公司让出纳员登记现金账（包括现金总账和日记账）、编制现金日报表。但按《中华人民共和国会计法》的规定，出纳人员不得兼任稽核、会计档案保管和收入、支出、费用、债权债务账目的登记工作。

为将钱账分管制度落到实处，需做到以下几点。

第一，不可由一人办理货币资金业务的全过程。

第二，不可由同一部门或个人办理合同业务的全过程。

第三，不可由同一部门或个人办理固定资产采购业务的全过程。

第四，不可由同一部门或个人办理投资业务的全过程。

4. 财务人员定期轮岗机制

对关键职务，特别是不相容职务，可采取定期轮岗制。例如财务负责人进行三年制的轮岗，物资采购人、仓库管理员、审计、会计、出纳也要进行定期轮岗，移交工作也要有部门负责人监督。

定期轮岗一方面可以加强企业财务内控，减少舞弊现象的发生；另一方面也可以改变员工懒散、散漫的工作态度，让员工能够相互学习、相互沟通，适应不同岗位的工作，提升财务人员的全面胜任素质。

5. 加强审计监督

加强内部财务审计，是企业内审工作中的一个重要组成部分，在企业的经营发展中起着不可替代的作用。加强企业内部财务审计监督有利于保障企业经营发展的有效性、合规性、合法性，同时减少腐败和舞弊的发生。内部审计部门要采取定期不定期审计的办法，监督货币资金的动态、监督货币资金收支是否合法，发挥审计监督的作用。

另外，企业老板或财务主管领导要坚持"财务报告单"制度，及时掌握货币资金的动态，发挥好领导者的监督作用。

6. 盘账

小公司要开展定期不定期的盘账，以及时发现财务管理中的问题，将舞弊现象扼杀在摇篮中。

【工具】财务部组织结构

财务部组织结构如下图所示（该图为完善的财务组织结构，小公司可酌情删减部分岗位）。

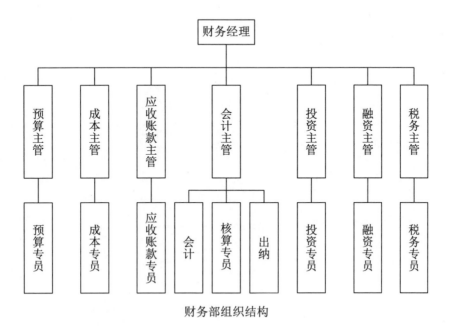

财务部组织结构

第四章

账务报表管控：
用"数据"去分析"利润"

　　财务报表是所有公司对内和对外沟通的一种通用会计语言，相对于其他披露方式而言，财务报表具有完整、准确、及时、标准化的特性，可以准确记录并反映公司的经营状况、战略意图、未来价值。

　　老板对于财务报表理解得越透彻，越能够透过财务报表所呈现的"现象"了解企业经营的"本质"。

第四章 账务报表管控：用"数据"去分析"利润"

一、用报表看透企业，用报表管控公司

小老板大多没有看财务报表的习惯，为什么？

首先，看不懂，公司财务报上来的财务报表太专业、太复杂，作为非财务出身的老板，根本看不懂，也看不进去。

其次，陷入思维定式，觉得自己非财务专业背景，要读懂财务报表有难度，还不如让财务直接口头汇报，其实是老板不愿学习财税知识的惰性在作祟。财务固然专业，但并非难学，只要老板具备基本的文化基础，花一些功夫，掌握一些财务报表常识并不是太难的事。

更何况，财务报表是根据企业经营信息制作而成，就好比飞机驾驶舱仪表上的数据是对飞机总体状况的实时反映，公司的财务报表也是对企业经营状况、收入、负债、利润等情况的直观反映，能够看懂财务报表，懂得利用报表去管控公司，也是老板的分内之事。

公司常用的财务报表有三种。

第一，资产负债表，反映企业的负债和家底。

第二，利润表，反映企业的收入、成本和利润。

第三，现金流量表，反映事关企业生死的现金流情况。

包括以上三大报表在内的财务报表，是企业财务状况、经营成果和现金流量情况的浓缩与直观表现。它们可以记录并反映公司的经营状况、战略意图、未来价值。

财务报表是所有公司对内和对外沟通的一种通用会计语言，财务报表对于老板、公司决策者、管理者的作用体现在以下几方面。

1. 更好地了解公司的运行状况

公司财务人员通过对各部门提供的日常经营数据进行汇总和分析制作相关的财务报表，让老板了解和掌握企业发展情况，对企业运营做好管控，优化资源配置。对财务报表的分析，可帮助老板正确地对企业的过去、当下、未来作出判断、评估、预测，能够准确而及时地把控公司的发展趋势。

2. 分析公司财税是否合规

通过财务报表，老板及相关利益方可以检查、监督企业是否遵守国家的法律、法规和制度，是否存在财务违规的行为，是否存在偷税漏税的行为。

3. 评估经营状况，提升管理水平

财务报表能全面系统地揭示公司一定时期的财务状况、经营成果和现金流量，有利于老板了解各项任务指标的完成情况，评价员工的经营业绩，以便及时发现一些问题和苗头，从而及时调整经营方向，推出相应措施来提升公司的经营管理水平，提高效益，为经营预测和决策提供依据。

4. 可以诊断公司是否健康

公司运行状况是否良好、是否健康，财务指标是最直观的衡量标准。通过对财务报表的分析，老板能够判断公司财务状况是否健康，找出背后的具体原因，给出财务等方面的对策。

老板要做到对公司财务状况和经营状况的充分管控，就要时刻关注如下问题：公司的负债状况如何？公司是否具有财务风险？公司是否具有偿债能力？公司的经营风险如何？公司是否面临财务困境或破产风险？

以上问题，财务报表都可以给出答案。

5. 提供事关公司经营的财务信息

财务报表中反映的财务信息主要是指营业收入、净利润、销售费用、经营性现金流量净额及其同比的增长率情况。

根据上述信息，可进一步做如下分析。

第一，分析净利润增长率是否大于收入增长率。

第二，分析销售费用增长率是否大于收入增长率，以判断公司业绩的可持续性。

第三，分析净利润是否与经营性现金流配比。

第四，分析公司前五大客户是否稳定，是否存在依赖重大客户问题。

第五，分析前五大收入的产品，是否有产品生命周期，是否存在稳定的贸易壁垒，是否有稳健的持续盈利动力，若没有，需分析是否有研发项目或专利为未来发展提供动力。

第六，对净利润，分析非经常性损益占公司净利润比重以判断公司是否依赖非经常性损益。

6. 供公司内外部客户评估经营业绩

获利能力是保持公司竞争力的先决条件，获利能力的大小需借助反映利润率的指标加以衡量。无论是老板还是企业投资者，无论是企业还是债权人还是债务人，也无论是高管还是普通管理者，都十分关注公司的现实获利能力和潜在获利能力，借以评价其经营业绩。

公司的上述利益相关方在做出相应决策之前，都会去关注其财务报表，从中得出以下结论：公司的盈利能力如何；影响公司盈利能力的主要因素有哪些；公司的可持续增长能力如何；影响公司可持续增长能力的主要因素是什么……从而根据各自的立场和利益作出正确的决策和判断。

财务报表的重要性是毋庸置疑的，老板要学会并适应"通过报表去看透公司，通过报表来管控公司"，关于报表，还有几点需要提醒。

第一，财务报表并不能将公司经营状况的所有问题都呈现出来，就比如一架飞机的仪表盘并不能反映飞机的所有状况一样。老板在关注财务报表的同时，还应从其他角度去全方位收集企业经营信息，结合企业所处的外部经营环境、财税政策，去做全面分析，实现对企业的全面掌控。

第二，对财务报表的分析要纵向、横向同时推进。所谓纵向，即要结合公司往年的财务报表，进行对比分析、判断、预测；所谓横向，即不仅要关注本公司的经营财报，同时还要去关注同行业竞争对手的财务报表数据，作出公司的行业竞争力和生存力判断。

第三，根据自身情况对财务人员提要求，即根据自己的财务水准以及关注重点，让财务人员提供最适合自己阅读的财务报表和数据。

二、资产负债表是企业的底子

有人说："资产负债表是底子，利润表是面子，现金流量表是日子。"资产负债表是企业财务报表中的主表，其重要性是其他报表所无法替代的。

资产负债表出现的历史也最为悠久，早在1531年，德国纽伦堡商人约翰·戈特里布（Johann Gottlieb）在其《简明德国簿记》一书中就公布了世界上最早的一张资产负债表格式。

投资大师彼得·林奇称："糟糕的公司，先看资产负债表，搞清该公司是否有偿债能力，然后再投钱冒险。"

资产负债表（表4-1），不仅可以看出企业的偿债能力，还可通过对净资产的期末数与期初数的比较，计算出企业当年的利润数额，可以替代利润表的某些功能；也可通过对货币资金的期初期末余额增减的比较，计算出企业当年的现金及现金等价物净增加额，这是现金流量表的功能。

表 4-1 资产负债表

编制单位：　　　　　　　　　　　日期：　　　　　　　　　　单位：元

资产	行次	期末余额	期初余额	负债和所有者权益（股东权益）	行次	期末余额	期初余额
流动资产				流动负债			
货币资金				短期借款			
交易性金融资产				交易性金融负债			
应收票据				应付票据			
应收账款				应付账款			

续表

资　产	行次	期末余额	期初余额	负债和所有者权益（股东权益）	行次	期末余额	期初余额
预付款项				预收款项			
应收利息				应付职工薪酬			
应收股利				应缴税费			
其他应收款				应付利息			
存货				应付股利			
其中：消耗性生物资产				其他应付款			
一年内到期的非流动性资产				一年内到期的非流动负债			
其他流动资产				其他流动负债			
流动资产合计				流动负债合计			
非流动性资产				非流动负债			
可供出售金融资产				长期借款			
持有至到期投资				应付债券			
长期应收款				长期应付款			
长期股权投资				专项应付款			
投资性房地产				预计负债			
固定资产				递延所得税负债			
在建工程				其他非流动负债			
工程物资				非流动负债合计			
固定资产清理				负债合计			
生产性生物资产				所有者权益（股东权益）			
油气资产				实收资本（股本）			
无形资产				资本公积			
开发支出				减：库存股			
商誉				盈余公积			
长期待摊费用				未分配利润			
递延所得税资产				所有者权益（股东权益）合计			
其他非流动性资产							
非流动资产合计							
资产总计				负债和所有者权益（股东权益）合计			

资产负债表反映的是公司当下的财务状况，通俗来讲，即能够看出公司还有多少钱或者资产，公司欠别人多少钱，股东还能从中分到多少钱。

1. 资产负债表的基本构成

资产负债表有三大构成部分：资产、负债和所有者权益。且有一个恒等式：资产 - 负债 = 所有者权益。

第一，资产。资产是指公司拥有或控制的，能以货币计量并为公司提供经济效益的经济资源，包括各种财产债权和其他权利。

例如，李老板租了几间厂房和口罩机，办了一家小型口罩厂，其中的厂房和机器并不是公司的资产，因为，李老板对厂房和机器仅拥有使用权，没有所用权，并未拥有或完全控制这些厂房和机器。

资产要满足以下几个特性。

首先，具有排他性，即某项资产所有权和使用支配权只归某一企业。

其次，资产必须能够被企业以货币加以计量。例如一家生产饮料的企业，垄断占有了一处矿泉水水源，但却没有办法来给它估价，那么这处水源也不能算作这家饮料厂的资产。

再次，资产要能够直接或间接地为企业带来预期的经济效益，要有助于企业目前和未来的经营，像报废的机器，它已经不能再给企业带来任何的经济效益，就不能算作资产。

最后，资产既包括财产也包括债权和其他权利。

只有具备了以上特征，才能被列为资产。

资产的本质是企业的经济资源，它可以是有形的，如房屋、机器设备、材料等；也可以是无形的，如土地使用权、专利权等。

按照流动性，资产可分为流动资产和非流动资产。

流动性资产，指那些流动性比较强的资产。流动性常常被理解为变成现金的能力，一项资产如果能够很容易地被变卖、处置而成为现金，那么它就具有很大的流动性。比如，公司银行账户里的钱、公司财务保险柜中的现金、公司购买的股票等，以及在一年内可以变成现金的资产。

非流动性资产，指超过一年无法变现的资产，包括固定资产、无形资产（包括专利权、非专利技术、商标权、著作权、土地使用权、商誉等）、长期投资（不准备在一年内变现的投资，包括股票投资、债券投资和其他投资）、长期待摊费用（指企业已经支付，但不能全部计入当年损益，应当在本年和以后年度内分期摊销的各种费用)、工程物资等。

第二，负债。负债是指企业所承担的、能以货币计量的、需要今后以资产或劳务偿付的债务。

负债同样可分为流动负债和长期负债。

偿债期在一年以内的称为流动负债，包括短期借款、应付及预收款项和预提费用等。

偿还期超过一年的则是长期负债，主要包括长期借款、应付债券和长期应付款等。

第三，所有者权益。所有者权益是指企业投资者对企业净资产的所有权。所谓净资产，是指企业全部资产减去全部负债后的余额。

所有者权益即股东（投资者）权益，指的是企业投资人对企业的资产应该享有多少权利，包括刚创办企业时投入的资本部分、企业在经营过程中赚的钱，都属于股东权益。

我们所说的所有者权益是指在某特定时刻，投资人在企业的财产当中，应该占有多少份额。投资人对企业的盈亏负责、承担风险的同时，也享有企业收益。如果企业在经营中实现了利润，所有者权益就随之增长；如果出现亏损，则所有者权益将随之缩减。

2. 如何解读资产负债表

老板要读懂资产负债表其实很容易，资产负债表的左侧都是资金的去处，右侧则是资金的来源。

通过负债与所有者权益项目金额的对比，期末与期初的对比，基本可以判断出企业的财务风险高低及其变化趋势；资产负债表左边，是企业资产的分布，通过流动资产与非流动资产项目金额的对比，期末与期初对比，基本可以判断出企业的经营风险高低及其变化趋势。

老板拿到资产负债表后，一看资金来源，二看资产分布，三进行前后期对比分析，即可判断企业财务风险与经营风险高低、资产资本结构是否合理。

第一，总资产怎么看。总资产是企业实力的象征，总资产规模越大，代表企业掌握的资源越多。老板分析总资产，要看趋势，即总资产是正增长还是负增长,如果正增长,说明企业处于发展和扩张阶段,公司成长性看好;如果负增长,则说明企业可能处于衰退中。

总资产并非越大越好,因其中可能有很大一部分都是负债,所以要结合负债率来理性看待总资产。

第二,固定资产怎么看。固定资产,是公司生产经营必要的场所或机器设备等。固定资产主要看比例,如果固定资产占总资产比例在50%以上,属重资产公司,公司进行转型升级的代价将会非常大,风险也会比较高。固定资产占比50%以下为轻资产公司,船小好掉头,轻资产公司能够轻装前进,风险较小。

第三,负债怎么看。企业负债太高有风险,负债率太低也并非好事,负债率低,说明企业的财务杠杆低。有些公司负债高,主要是应付票据、应付账款和预收账款这类科目比较高,表示公司可以在一定期限内无偿使用供应商或者客户的钱,是公司资金利用效率高、竞争力强的表现。

以上讲的负债,是无息负债。还有一类负债,为有息负债,即需要还本付息的债务,它是因公司的融资行为产生的债务,包括银行借款、应付债券、应付利息等。其计算公式如下:

有息负债总额 = 短期借款 + 一年内到期的非流动负债 + 长期借款 + 应付债券 + 长期应付款 + 应付利息

要确保公司不发生债务危机,就要保证公司在一定周期内所持有货币资金的余额大于负债的总额,避免出现资不抵债的情况。

总体而言,适度的负债是有必要的,负债率的安全线并没有固定的标准,要结合企业的成长性、所处行业、偿债能力来衡量。

第四,应收应付和预付预收怎么看。

应收,指的是应收票据和应收账款,就是应该收而还没有收到的钱,即公司把货发给了客户,还没有收到货款。

应付,指的是应付票据和应付账款,是企业应该给供应商还没有给的钱。

预付,指的是预付账款,即企业提前给对方打了款,但还没有收到货。

预收,指的是预收账款,即还没给客户发货,已经收到了客户打来的货款。

如何分析这些数据呢?

应收票据、应收账款和预付账款越少,对企业越有利,说明企业能够及时回款,也不需要提前向供应商预付款,表明公司行业地位较高,竞争力比较强。

应付票据、应付账款和预收账款金额越大，对企业越有利，说明企业可以向供应商赊购原材料等物品，而下游客户向企业采购，则需要预付款，一来一去，也表明企业的行业地位之高。通俗来讲，可以"两头吃"，使企业充分占用了上游供货商和下游客户的资金，此为最理想的经营状态。

上述数据如果是相反的，则说明企业在行业中处于不利的竞争地位，公司资金会被其他公司无偿占用，竞争力较弱。

三、立刻落地的经营利润表

利润表（income statement），过去也被称为损益表，所谓"损"，即亏损，"益"即利润。

损益表更名为利润表，中间还有一个小典故。我国著名会计理论家、注册会计师制度恢复和重建的创始人杨纪琬教授，在一次业内研讨会上戏称，企业存在的目的就是赚取利润，而会计制度中的损益表又将"损"字放在前面，实在不太吉利。

于是，从2001年开始，会计制度就将损益表改成了利润表，只有利润而没有损失，可谓是大吉大利。

利润表是反映企业在一定期间的经营成果的报表，对任何一家企业来说，只有盈利才能有资金持续投入来保证企业正常发展、给予投资人投资回报、提升员工福利薪资待遇。而查看一家企业是否盈利、盈利多少的就是利润表。正因为如此，老板和投资人都比较喜欢看利润表，它能够直观反映企业是否赚钱、能赚多少钱。

利润表和资产负债表一个很大的区别在于，利润表反映的是某一个周期内企业的财务状况，而资产负债表反映的则是某一个时间点的企业资产负债情况。

通常，企业都是通过出售产品或提供服务来获得销售收入、获得利润。我们评估一家企业的好与坏，或者说是企业所提供产品和服务的好与坏，就有两个标准。

第一，企业的产品（服务）在市场上是否受欢迎，是否好销售，如果销量大、销售收入高，说明消费者愿意为之买单，企业的销售情况良好。

第二，企业出售的产品（服务）是否赚钱，利润空间有多大。

以上两个关键数据，都可以通过利润表获得。

正常情况下，企业的净利润永远会小于销售收入，除非做假账。

最有"钱途"的企业是那种利润率高的企业，比如苹果公司，据该公司2021年第二季度财报显示，当季总净销售额为895.84亿美元，净利润为236.30亿美元，净利润率高达26.4%。苹果公司不仅销售收入高，利润和利润率也高。

分析企业盈利情况，要进行同行业对比，分两种情况。

第一，同样的销售收入，如果利润率低于同行，说明企业竞争力低下。

第二，同样的销售收入，如果利润率高于同行，这说明企业在行业中竞争力比较强。

对经营利润和利润率也要具体问题具体分析，比如，有的企业可能是正在扩张而导致固定成本上升，利润降低。

在一些特殊行业，包括企业的某些特定经营时期，也不能仅凭利润和利润率的高低来评价其经营的好坏优劣。例如，互联网公司通常都有一个大肆烧钱的阶段，企业不仅没有利润，甚至还会处于巨额亏损的状态，但我们并不能因此而判断该类公司没有投资价值。相反，此类公司恰恰拥有巨大的成长潜力。一旦通过烧钱完成"跑马圈地"，成长为业内头部公司，完成用户和流量的原始积累，属于它们的"收割时代"就将到来。例如，腾讯公司2020年全年实现营业收入4 820.64亿元，净利润高达1 598亿元，利润率高达33%。2020年财年，阿里巴巴集团实现总营收5 097.11亿元，净利润为1 492.63亿元，净利润率也高达29%，远远高于传统行业，而这两家互联网巨头发展早期都经历过烧钱和巨额亏损的阶段。

再谈利润表（表4-2）的解读，相对比较直观，和资产负债表一样，利润表也有一个恒等式：收入－支出＝利润，或者是：收入－成本费用＝利润。

表4-2 利润表

编制单位：	日期：		单位：元
项　　目		本期金额	上期金额
一、主营业务收入			
减：主营业务成本			
主营业务税金及附加			

续表

项　目	本期金额	上期金额
二、主营业务利润（亏损以"-"号填列）		
加：其他业务利润（亏损以"-"号填列）		
减：营业费用		
管理费用		
财务费用		
三、营业利润（亏损以"-"号填列）		
加：投资收益（损失以"-"号填列）		
补贴收入		
营业外收入		
减：营业外支出		
加：以往年度损益调整		
四、利润总额（亏损以"-"号填列）		
减：所得税费用		
五、净利润（净亏损以"-"号填列）		

1. 利润表科目解读

面对利润表和一堆会计科目，非财务背景出身的老板往往不知道该从何处着眼。要想读懂利润表，首先要熟悉每一项目的内容。

（1）**主营业务收入**。主营业务收入是指企业经营性经济业务产生的收入。通俗来讲，是指企业由主要经营活动产生的收入，这些收入的特点是经常、反复地产生。

（2）**主营业务成本**。主营业务成本指与主营业务收入相对应的企业因销售商品、提供劳务或让渡资产使用权等日常活动而发生的实际成本。成本包括直接材料、直接工资、制造费用等。

（3）**主营业务税金及附加**。主营业务税金及附加是指企业日常活动应负担的税金及附加，包括增值税、消费税、城市维护建设税、资源税、土地增值税和教育费附加等。

（4）**主营业务利润**。主营业务利润的计算公式为

主营业务利润 = 主营业务收入 - 主营业务成本 - 主营业务税金及附加

（5）**其他业务利润**。其他业务利润是指企业除销售产品和提供应税劳务

等主营业务之外的其他业务收入扣除其他业务成本、费用、税金后的利润。其计算公式为

其他业务利润＝其他业务收入－其他业务支出－流转税及附加税费

如工业企业材料销售的收入、出租包装物的租金收入、运输业务的收入等，均属于其他业务收入。

（6）**营业费用、管理费用和财务费用**。这三种费用都属于期间费用。这些费用容易确定其发生期间和归属期间，但很难判断其归属对象，因而在发生的当期应计入损益中。

营业费用。营业费用是指企业在销售过程中，所发生的各项销售费用，如销售人员的工资、办公费、广告费、运输费、差旅费以及业务招待费等。

管理费用。管理费用是指企业为组织和管理企业生产经营活动所发生的各项费用支出，如行政管理部门职工工资和福利费、折旧、工会经费、业务招待费、各种税金以及职工教育经费、劳动保险费和坏账损失等。

财务费用。财务费用是指企业为筹集生产经营所需的资金而发生的费用，包括利息支出、利息收入、汇兑损失、汇兑收益以及相关的手续费。在利润表上，"财务费用"项目所反映的是利息收入、利息支出以及汇兑损失的净额，因而其数额可能是正数，也可能是负数。如果是正数，表明为利息、融资净支出；如果是负数，则表明为利息、融资净收入。

（7）**营业利润**。营业利润是指企业的"主营业务利润"，加上"其他业务利润"，减去"期间费用"后的余额。营业利润的计算公式为

营业利润＝主营业务利润＋其他业务利润－营业费用－管理费用－财务费用

（8）**投资收益**。投资收益应表述成净收益，它是投资收益减投资损失的净额。投资收益和投资损失，是指企业对外投资所取得的收益或发生的损失。

（9）**补贴收入**。补贴收入是指企业按规定应收的政策性亏损补贴和其他补贴。

（10）**营业外收入与支出**。营业外收入是指企业发生的与生产经营无直接关系的各项收入，包括固定资产盘盈、处理固定资产净收益、罚款收入、确实无法支付而应转作营业外收入的应付款项、教育费附加返还款等。营业外支出指企业发生的与企业生产经营无直接关系的各项支出，包括固定资产盘亏、

处置固定资产净损失、罚款支出、赔偿金、违约金、捐赠支出、非常损失、非正常停工损失等。

其中，固定资产盘亏、毁损是指按照固定资产原值扣除累计折旧、过失人及保险公司赔款后的差额；固定资产报废是指清理报废残值的折现收入减去清理费用后与账面净值的差额；非常损失是指由自然灾害造成的各项资产损失扣除保险赔偿金及残值，以及由此造成的停工损失和善后清理费用。

（11）以前年度损益调整。以前年度损益调整项目反映的是企业会计年度发现的以前年度的会计事项，涉及损益且需要进行调整的数额。企业在本期发现的前期会计报表中的差错，可以归结为两类。一类为不影响损失计算、不涉及补缴或退还所得税的调整；另一类为尚未影响损益的调整，需要在发现时调整损益，补缴或退还所得税。对于前一类问题，发现后按有关法规要求进行调整即可，不影响损益的报表；对于后一类问题，必须在调整以后的利润表中加以反映。此时，需将调整后影响当期损益的数额单列一个项目，在当期的利润表中加以揭示。

（12）利润总额。企业利润总额按照下列公式计算：

利润总额＝营业利润＋投资收益＋补贴收入＋营业外收入－营业外支出

（13）所得税费用。企业所得税是指企业在会计期间内发生的利润总额，经调整后按照国家税法规定的比率，计算缴纳的税款。所得税的性质属于企业的费用。

（14）净利润。企业净利润按照以下公式计算：

净利润＝利润总额－企业所得税

2. 利润表分析要点

对利润表进行分析，可从两方面入手。

第一，收入项目分析。公司通过销售产品、提供劳务取得各项营业收入，也可将资源提供给他人使用，获得租金与利息等营业外收入。收入的增加，意味着公司资产的增加或负债的减少。

第二，费用项目分析。费用是收入的扣除项，费用的确认、扣除正确与否直接关系到公司的盈利。所以分析费用项目时，应首先注意费用包含的内容是否适当，确认费用应贯彻权责发生制原则、历史成本原则、划分收益性支出与资本性支出的原则等。其次，要对成本费用的结构与变动趋势进行分析，分析各项费用占营业收入百分比，分析费用结构是否合理，对不合理的费用要查明原因。同时对费用的各个项目进行分析，看各个项目的增减变动趋势，以此判定公司的管理水平和财务状况，预测公司的发展前景。

四、轻松读懂现金流量表

现金流量表，据说是企业三大基本报表中最不受待见的一张表，它既不像利润表，可以直观反映企业的盈利情况，也不像资产负债表，可以将企业的经营现状进行通盘盘点。现金流量表仅仅反映了企业现金流一个小项目，现金流量表对企业或者说老板，究竟有什么用呢？

现金流，是企业生存和发展的命脉，拥有充足的现金流，企业才能实现可持续发展。我们经常看到很多盈利能力良好、体量庞大的企业集团就是因为现金流出了问题，即俗称的资金链断裂，而突然宣布破产，轰然倒塌。

对企业来说，一旦现金流出现问题，资金链断裂，将意味着严重的问题，如果无法解决为企业输血的问题，将无法维持正常的运转。

从这一意义上讲，现金流的重要性甚至不亚于利润，而现金流量表就是分析企业现金流向的一张表，其重要性也就不言而喻。

现金流量表是反映企业在一定会计期间，现金和现金等价物流入和流出的报表。

现金流量是指企业现金和现金等价物的流入和流出。企业从银行提取现金、用现金购买短期到期的国库券等现金和现金等价物之间的转换不属于现金流量。

现金是指企业库存现金以及可以随时用于支付的存款，不能随时用于支取的存款不属于现金。

现金等价物是指企业持有的期限短、流动性强、易于转换为已知金额现金、价值变动风险很小的投资。期限短，一般是指从购买日起三个月内到期。现金等价物通常包括三个月内到期的短期债券投资。权益性投资变现的金额通常不确定，因而不属于现金等价物。企业应当根据具体情况，确定现金等价物的范围，一经确定，不得随意变更。

从会计准则看，一般提及现金时，均包括现金和现金等价物，除非同时提及现金等价物。

现金的构成如图 4-1 所示。

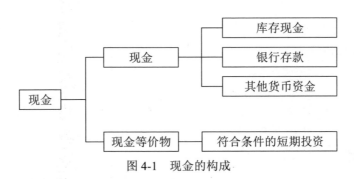

图 4-1　现金的构成

现金流量表（表 4-3）将企业和现金有关的活动分成三大类，即经营活动、投资活动和筹资活动。

表 4-3　现金流量表

编制单位：　　　　　　　日期：　　　　　　　　　　　　　　单位：元

项　目	本期金额	上期金额
一、经营活动产生的现金流量		
销售商品、提供劳务收到的现金		
收到的其他与经营活动有关的现金		
收到的税费返还		
经营活动现金流入小计		
购买商品、接受劳务支付的现金		
支付给员工以及为员工支付的现金		
支付的各项税费		
支付其他与经营活动有关的现金		
经营活动现金流出小计		
经营活动产生的现金流量净额		
二、投资活动产生的现金流量		
收回投资收到的现金		
取得投资收益收到的现金		
收到其他与投资活动有关的现金		
投资活动现金流入小计		
投资支付的现金		
购建固定资产、无形资产和其他长期资产支付的现金		

续表

项　　目	本期金额	上期金额
支付其他与投资活动有关的现金		
投资活动现金流出小计		
投资活动产生的现金流量净额		
三、筹资活动产生的现金流量		
吸引投资收到的现金		
借款收到的现金		
收到其他与筹资活动有关的现金		
筹资活动现金流入小计		
偿还债务支付的现金		
分配股利、利润或偿付利息支付的现金		
支付其他与筹资活动有关的现金		
筹资活动现金流出小计		
筹资活动产生的现金流量净额		
四、汇率变动对现金及现金等价物的影响		
五、现金及现金等价物净增加额		
加：期初现金及现金等价物余额		
六、期末现金及现金等价物余额		

经营活动现金流主要是和企业主营业务有关的现金流入和流出，投资活动现金流是企业购置以及处置长期类资产有关的活动带来的现金增减，筹资活动现金流则反映了企业在资本以及债权结构和规模上的变动情况。

1. 经营性现金流

经营性现金流的流入和流出分别如下。

（1）现金流入：销售产品收到的现金。

（2）现金流出：采购、发放薪酬和缴纳税金等支付的现金。

2. 投资性现金流

投资性现金流的流入和流出分别如下。

（1）现金流入：投资分红或退出投资收到的现金。

（2）现金流出：投资活动（对内、对外）支付的现金。

3. 筹资性现金流

筹资性现金流的流入和流出分别如下。

（1）现金流入：向银行借款或获得股东增资收到的现金。

（2）现金流出：分红和归还借款本息支付的现金。

通过现金流量表，可以解决以下两个核心问题。

一是企业的现金和上期比是增加还是减少了，即看净现金流是增加还是减少了。

净现金流＝经营现金流＋投资现金流＋筹资现金流

二是企业的钱都花在什么地方，经营活动、投资活动还是筹集活动？

对现金流量表的分析，可着重从三个角度进行。

第一，现金净流量与短期偿债能力的变化。如果本期现金净流量增加，表明公司短期偿债能力增强，财务状况得到改善；反之，则表明公司财务状况比较困难。但是如果公司的现金净流量过大，表明公司未能有效利用这部分资金，其实是一种资源浪费。

第二，现金流入量的结构与公司的长期稳定。经营活动是公司的主营业务，这种活动提供的现金流量，可以不断用于投资，再生出新的现金来，来自主营业务的现金流量越多，表明公司发展得越稳健。公司的投资活动是为闲置资金寻找投资场所，筹资活动则是为经营活动筹集资金，这两种活动所发生的现金流量，都是辅助性的，服务于主营业务的。这两部分的现金流量过大，表明公司财务缺乏稳定性。

第三，投资活动与筹资活动产生的现金流量和公司的未来发展。分析投资活动时，要区分对内投资还是对外投资。对内投资的现金流出量增加，意味着固定资产、无形资产等的增加，表明公司正在扩张，成长性较好；如果对内投资的现金流量大幅增加，意味着公司正常的经营活动没有能够充分吸纳现有的资金，资金的利用效率有待提高；对外投资的现金流入量大幅增加，意味着公司现有的资金不能满足经营需要，对外投资收益开始回流；如果对外投资的现金流出量大幅增加，说明公司正在通过非主营业务活动来获取利润。

五、老板应关注的关键财务指标

分析财务报表，可以看出企业运营状况，通过对财务报表中一些关键指标的分析和解读，可以发现企业潜在的问题，这些指标包括以下几种。

1. 资产负债率

将全部负债与资产总额进行比较，可得出企业资产负债率。它表明在企业的总资产中有多大比例是通过负债形成的，也可以衡量企业在清算时对债权人利益的保障程度。看资产负债率，不同的人会得出不同的结论。

站在企业经营者角度，通常认为资产负债率为50%时资金结构比较合理。当资金缺乏，需多举债时，要根据资产负债率来决策，应充分估计未来的利润和可能增加的风险，权衡利弊。而站在债权人角度则希望资产负债率越低越好，企业偿债才有保证，贷款不会有太大的风险。

作为股东或投资者，由于企业通过举债筹措的资金与股东提供的资金，在经营中发挥的是同样的作用，所以，若资本利润率高于借款利率，则资产负债率越大越好。股东或投资者分得的利润会加大，且可以在有限投入的条件下，仍然拥有稳定的股权和控制权。

资产负债率也要结合企业所处行业进行具体分析。例如，房地产行业的负债率通常高于一般行业，负债率在70%以上90%以下都被认为属于正常范围等。

如果资产负债率提高，则应分析是借款增加还是应付款项增加所致。如果是借款增加则应进一步分析公司未来偿债能力以及面临的资金压力。

2. 经营现金流

公司三类现金流（经营、投资、筹资活动带来的现金流）来源中，以经营活动的现金流量最为重要。经营活动的现金流量，反映公司自身获得现金的能力，是公司获得持续资金来源的主要途径。它意味着公司不通过配股及借债等筹资手段，就有能力偿还债务、扩大经营规模和发放股利等。公司的经营现金流入越多，说明企业的销售越畅通，资金周转越快。

经营现金流代表公司主营业务产生的现金量——从本质上说是企业的核心竞争力所在，投资人通常利用这一标准来判断公司的价值。

3. 存货周转率

在流动资产中，存货所占的比重较大。存货的流动性，将直接影响企业的流动比率，因此，必须特别重视对存货的分析。

一般情况下，存货周转率（次数）越高越好。在存货平均水平一定的条件下，存货周转率高，表明企业的销售额增加，产品销售的数量增长，企业销售能力加强。反之，则销售能力不强。企业要扩大产品销售数量、增强销售能力，就必须在原材料购进、生产过程中的投入、产品的销售、现金的收回等方面做好协调与衔接。存货周转率不仅可以反映企业的销售能力，而且能用来衡量企业营运能力和存货管理水平。

存货周转率还可以衡量存货的储存是否适当，是否能保证生产不间断进行和产品有秩序销售。存货既不能储存过少，过少会造成停工待料、生产中断或合同误期、销售紧张，又不能储存过多，过多会形成资金浪费、存货积压。

在衡量存货周转率这个指标时，需要注意的是：过高的存货周转率有可能因存货不足而丧失销售收入，所以，存货周转率并不是越高越好，而是应当根据企业的实际情况具体分析。

4. 应收账款

应收账款的风险比较大，一般都需经一段时间才能收回，而且有可能出现坏账收不回来的情况，变现的能力较弱。

应收账款只要在安全警戒线内，都是被允许的，很多情况下应收账款的存在，是企业销售增长的前提。如果应收账款和销售额同比例增长，一般没有问题。如果应收账款增长率超过销售增长率，需引起充分重视，分析企业是否为了扩大市场而牺牲了回款，还要看欠款客户的偿债能力是否出现了问题。

对三年以上的应收账款，看是否足额计提坏账准备，同时作出妥善安排和应急预案，保证公司现金流的畅通。

应收账款周转率是衡量应收账款的一个重要指标，是赊销收入净额与应收账款平均余额的比率，反映的是企业应收账款的流动性，是企业应收账款管理水平的重要指标。其计算公式为

应收账款周转率 = 赊销收入净额 / 应收账款平均余额

应收账款的周转率越低，收回款项的速度就越慢，说明企业的销售条件、收款政策不适当或者回款工作力度不够；或是企业的客户出现财务困难，一时难以还清欠款。如果是企业自身的内部工作出现问题而导致应收账款的周转率偏低，就必须采取有效措施迅速改进工作，否则，企业就会出现资金紧缺，难以进行正常的生产经营活动，同时也会加大坏账损失的可能性。

5. 预付账款

预付账款是指企业在实际购买商品或劳务之前，按照购销合同的规定，预付给供应商的款项。这是一种普通的商业信用和资金的无偿占用。对企业而言，预付账款越少越好。过多的预付账款反映企业的采购管理和资金管理存在一定的问题。

预付账款，是上游供应商对企业资金的无偿占用，应尽量降低预付账款。如果预付账款金额较大，则应分析是预付工程款还是货款，并进一步分析预付账款的账龄以及前五大供应商或者前五大支撑收入产品的情况及特性。

如果预付账款异常增长，应分析企业是否存在原材料供货紧张的可能。

6. 毛利率和净利率

这两个指标越高，代表公司盈利能力越强，其中毛利率是企业的运营收入之根本，只有毛利率高的企业才有可能拥有高的净利润，毛利率在一定程度上可以反映企业的持续竞争优势如何。

毛利率高的企业一般有三大优势：技术优势、品牌优势、成本优势。

分析一下，你的公司具备哪种优势？

六、企业四大能力的综合分析

企业做得究竟好不好，可从四个方面来判断。

第一，看其偿债能力，能否及时还清债务。

第二，看其营运能力，即资金效率的高低。

第三，看其盈利能力，即能不能赚到钱。

第四，看其成长能力，即有没有发展前景。

企业老板或投资人可结合财务报表从偿债能力、营运能力、盈利能力和成长能力四个角度对企业的能力进行综合评定。

1. 企业偿债能力分析

偿债能力是指企业偿还债务（含本金和利息）的能力。通过偿债能力的分析，能揭示企业财务风险的大小。偿债能力按时间的长短分为短期偿债能力和长期偿债能力。

第一，短期偿债能力分析。短期偿债能力是指企业用流动资产来支付流动负债的能力。它主要取决于企业营业资金的多少和企业资产变现程度的高低。企业的短期偿债能力如果较弱，若遇上较大的短期债务，就得挪用长期资金来抵偿，对企业的生产经营不利，尤其是无力偿还债务时，企业就会面临资不抵债的危险。反映企业短期偿还债务能力的财务指标主要有流动比率、速动比率等。

（1）流动比率。流动比率是指流动资产与流动负债的比率关系，它表示每一元流动负债有多少流动资产作为企业偿还的保证，反映企业用可在短期内转变为现金的流动资产偿还到期流动负债的能力。其公式为

$$流动比率 =（流动资产 / 流动负债）\times 100\%$$

企业的流动比率越高，表示其短期偿债能力越强、财务状况越稳定。如果企业的流动比率为 100%，则表示企业刚好能用短期资产来抵偿短期债务；如果低于 100%，表示企业的流动资产不足以抵偿其流动负债，需挪用长期资产或其他资金来还负债，可能会影响到企业正常的生产经营活动。

企业的流动比率至少为2：1才是正常的，这样才能保证企业正常的生产经营，保证企业的经营在稳定的环境中进行，也能充分保证债权人的利益。

（2）速动比率。速动比率是指企业的速动资产与企业流动负债的比率关系。速动资产是流动资产减去变现能力较差且不稳定的存货、待摊费用、待处理流动资产损失后的余额。由于剔除了在企业里变现能力较弱且不稳定的存货项目和待摊费用项目，速动比率能更好地反映企业的短期偿债能力。其计算公式为

$$速动比率 =（速动资产 / 流动负债）\times 100\%$$

其中，速动资产 = 现金 + 短期投资 + 应收账款

速动比率表示企业仅以速动资产支付流动负债的能力，对于投资者来说，速动比率越高越好。如果速动比率过低，一方面可能是企业负债过大或是增加；另一方面也可能是企业存货过多所致，存货占用了大量资金，有可能会引起企业资金周转的困难，引发债务危机。

通常认为企业速动比率的合理数值应为1：1，它表明企业的每一元短期负债，就有一元易于变现的资产作为保证。

速动比率较流动比率更能有效地反映企业短期偿债能力，是因为速动资产的变现能力比流动资产更强，从而使债权人、投资人更能准确地分析和评价企业的实际偿债能力和企业的财务实力，决定自己的投资对象，保障自己的投资安全。

不过，和流动比率一样，速动比率中同样包含着应收账款的影响，其变现能力也同样具有一定的风险性和不确定性。企业的应收款项可能会在收账期内，有的也许超出该期限很长时间，甚至发生坏账损失，那么有一部分应收账款就完全丧失变现能力，这同样会给企业计算的速动比率带来影响。因此，老板或投资者在了解企业速动比率的同时，还应该了解和分析其应收账款的周转时间，从而使自己的判断更加全面。如果某公司虽然速动比率很高，但应收账款周转速度慢，且其他应收账款的规模大，变现能力差，那么该公司较为真实的短期偿债能力要比该指标反映的差。

第二，长期偿债能力分析。长期偿债能力是指企业偿还长期负债（一年或超过一年的债务）的能力。它反映了企业资本结构的合理性以及偿还长期负债本金和利息的能力。分析长期偿债能力的目的，在于预测企业有无足够的能力

偿还长期负债的本金和利息。反映企业长期偿债能力的指标除了资产负债率，还有产权比率等指标。

（1）资产负债率。资产负债率又称为举债经营比率，是企业负债总额除以资产总额的百分比。它表明在总资产中有多大比例是通过借债来筹集的，以及企业资产对债权人权益的保障程度。这一比率越小，表明企业的长期偿债能力越强。其计算公式为

$$资产负债率 =（负债总额/资产总额）\times 100\%$$

公式中的负债总额不仅包括长期负债，还包括短期负债。这是因为，短期负债作为一个整体，企业总是长期占用着，可以视同长期性资本来源的一部分。例如，某一个应付账款明细科目可能是短期性的，但企业总是长期地保持一个相对稳定的应付账款总额。这部分应付账款可以成为企业长期性资本来源的一部分。本着稳健原则，将短期债务包括在用于计算资产负债率的负债总额中是合适的。

如果资产负债率较大，对企业所有者来说，利用较少量的自有资金投资，通过适度举债形成较多的生产经营用资产，不仅扩大了生产经营规模，而且在经营状况良好的情况下，还可以利用财务杠杆，得到较多的投资利润。但是如果这一比率过大，则表明企业的债务负担沉重，企业资金实力不强，财务状况恶化，不仅对债权人不利，而且对企业来讲也有濒临破产倒闭的危险。

企业的债权人、所有者和经营者往往从不同的角度来评价资产负债率这一指标。

对债权人来说，他们总是关心其贷给企业的资金的安全性，即每一元贷款背后有多少资产作为其坚实后盾，债权人到期能否收回本息。如果企业总资产中仅有一小部分由所有者提供，那么这将意味着风险主要由债权人承担，这对债权人来讲是不利的。因此，对债权人而言，资产负债率越低越安全，这对企业偿债有足够的保证。

对所有者来说，他们关心的主要是投资收益率的高低。企业借入的资金与所有者投入的资金在生产经营中发挥同样的作用。如果企业负债所支付的利息低于总资产收益率，这将意味着投资者获得了借入资本的参与运作为企业带来的利润与所付利息的差额。显然，在这种情况下，资产负债率越大，所有者获得的这部分差额也越大，所有者投资收益也越丰厚，也证明负债经营是成功的。

因此，所有者所关心的往往是总资产收益率是否超过了借款的利率及其程度。这样，所有者可以通过负债经营以有限的资本、付出有限的代价而取得对企业的控制权，并从中获得更多的财务杠杆效益。

对经营者来说，如果举债很大，超出债权人心理承受程度，则会被认为是不保险的，企业就借不到钱。如果企业不举债，或负债比例很小，说明企业畏缩不前，对前途信心不足，利用债权人资本进行经营活动的能力很差。资产负债比率越大（当然不能是盲目地借款），越是显得企业活力充沛。而从财务管理的角度来看，企业应当审时度势，全面考虑。在利用资产负债率制定借入资本决策时，必须充分估计预期的利润和增加的风险，在二者之间权衡利害得失，作出正确的决策。

（2）产权比率。产权比率又称为债务股权比率或净资产负债率，是指负债总额与所有者权益总额之间的比率。其计算公式为

产权比率 = 负债总额 / 所有者权益总额 × 100%

产权比率指标反映由债权人提供的负债资金与所有者提供的权益资金的相对关系，反映企业基本财务结构是否稳定。产权比率高，是高风险、高回报的财务结构；产权比率低，是低风险、低回报的财务结构。

2. 企业营运能力分析

营运能力主要指的是企业资金的运用能力，反映企业资产管理水平和资金周转状况，一般来说周转速度越快，资产的使用效率越高，则营运能力越强。周转率即企业在一定时期内资产的周转额与平均余额的比率，它反映企业资金在一定时期的周转次数。衡量指标是周转天数，即资金周转一次所需要的天数。周转次数越大，周转天数越短，资产营运能力就越强。其计算公式为

周转率（周转次数）= 周转额 / 资产平均余额

周转天数 = 计算期天数 / 周转次数 = 资产平均余额 × 计算期天数 / 周转额

衡量企业营运能力的主要指标还有以下几个。

（1）应收账款周转率。应收账款周转率是指企业采用赊销的方法时，赊销收入净额与应收账款平均余额的比率。它反映企业应收账款的流动性，是反映企业应收账款管理水平的重要指标。其计算公式为

应收账款周转率＝赊销收入净额/应收账款平均余额

应收账款周转天数＝360/应收账款周转次数

＝应收账款平均余额×360/赊销收入净额

其中，赊销收入净额＝销售收入－现销收入－销售折让－销售折扣－销售退回额

应收账款平均余额＝（期初应收账款＋期末应收账款）/2

应收账款的周转率越低，收回款项的速度就越慢，说明企业的销售条件、收款政策不适当或者回收款项的工作中努力不够；或是企业的客户发生财务困难，一时难以还清欠款。通常认为，企业应收账款的周转率在每年10次以上为佳。

（2）存货周转率。在流动资产中，存货所占的比重较大。存货的流动性，将直接影响企业的流动比率，要特别重视对存货的分析。存货的流动性，一般用表示存货周转速度的流动资金周转率指标来反映。其计算公式为

存货周转率（次数）＝销售成本/存货平均余额

存货平均余额＝（期初存货＋期末存货）/2

存货周转期（天数）是指一定时期内存货平均周转一次所需要的天数，计算公式为

存货周转期（天数）＝计算期天数/存货周转次数

＝计算期天数×存货平均余额/销售成本

存货周转率（次数）越高越好，在存货平均水平一定的条件下，存货周转率越高，表明企业的销售成本数额增多，产品销售的数量增长，企业销售能力加强；反之，则销售能力不强。

（3）营业周期。营业周期是指库房的存货从开始到完成并收回货款为止的这段时间。营业周期的长短取决于存货周转天数和应收账款周转天数。营业周期的计算公式为

营业周期＝存货周转天数＋应收账款周转天数

营业周期短，说明资金周转速度快，正常的流动比率较低；营业周期长，说明资金周转速度慢，正常的流动比率较高。

（4）总资产周转率。总资产周转率是销售收入净额与平均资产总额的比率。其计算公式为

总资产周转率（次数）＝销售收入净额/平均资产总额

其中，平均资产总额＝（期初资产总额＋期末资产总额）/2

这一比率可用来分析企业全部资产的使用效率。如果该比率较低，说明企业利用全部资产进行生产经营的效率较差，最终会影响企业的获利能力。老板就应该采取有效措施提高各项资产的利用程度，薄利多销提高销售收入或处理多余资产。

3. 企业盈利能力分析

盈利能力是指企业赚取利润的能力。利润是企业的重要经营目标，是企业生存和发展的物质基础。它不仅关系企业所有者的利益，也是企业偿还债务的一个重要来源，盈利能力的衡量指标主要有以下几个。

（1）销售毛利率。销售毛利率是指销售毛利占销售收入的百分比，其中销售毛利是销售收入与销售成本的差。其计算公式为

$$销售毛利率 = 销售毛利 / 销售收入 \times 100\%$$
$$= （销售收入 - 销售成本）/ 销售收入 \times 100\%$$

销售毛利率表示每一元销售收入能形成的边际利润，即每一元销售收入扣除销售成本后，能有多少钱可以用于各项期间费用和形成利润。一般来讲，销售毛利率越高，反映主营业务的获利能力就越强，主营业务的市场竞争力优势越强，没有足够大的销售毛利率便不能盈利。

（2）销售净利率。销售净利率是指净利润与销售收入净额的比率。它反映每一元销售收入带来的净利润是多少，表示销售收入的收益水平。其计算公式为

$$销售净利率 = 净利润 / 销售收入净额 \times 100\%$$

从销售净利率的指标关系来看，净利润额与销售净利率成正比关系，而销售收入净额与销售净利率成反比关系。分析销售净利率的升降变动，可促使企业在扩大销售的同时，改善经营管理，提高盈利水平。

（3）总资产报酬率。总资产报酬率是企业息税前利润与企业资产平均总额的比率，是反映企业总资产综合利用效果的指标，也是衡量企业利用债权人和所有者权益总额所取得盈利的重要指标。其计算公式为

$$总资产报酬率 = 息税前利润 / 资产平均总额 \times 100\%$$

其中，息税前利润 = 净利润 + 所得税 + 利息费用

资产平均总额为年初资产与年末资产总额的平均数。该比率越高,表明企业总资产利用效率越好,整个企业盈利能力越强,经营管理水平越高。

4.企业成长能力分析

成长能力是指通过企业有关增长率的指标所反映出来的企业扩张能力和持续发展能力。反映企业成长能力的指标主要有总资产增长率、销售收入增长率、主营业务收入增长率、净利润增长率和资本增长率。

(1)总资产增长率。总资产增长率是企业报告期总资产增长额与基期总资产额的比率。其计算公式为

总资产增长率 = 报告期总资产增长额 / 基期总资产额 × 100%

公式中总资产增长额是报告期资产总额年末数与年初数的差额。

企业资产总额的多少是衡量其实力的重要标志,总资产增长速度在一定程度上能够体现企业的成长速度,该指标是从资产总量扩张方面衡量企业的持续发展能力,说明企业规模增长水平对企业发展后劲的影响,该指标越高,表明企业资产经营规模扩张的速度越快。

(2)销售收入增长率。销售收入增长率表示销售业务收入的增(减)幅度,反映公司主营业务的经营状况及变动趋势。其计算公式为

销售收入增长率 = (本期销售收入 / 上期销售收入 -1) × 100%

该指标可以用来衡量公司的产品生命周期,判断公司发展所处的阶段,对于公司决策人分阶段、审时度势地制定适宜的营销策略具有重要意义。

一般来说,如果销售收入增长率低于10%,说明公司正处于投入期;如果销售收入增长率超过10%,说明公司正处于成长期,企业的经营重点主要是大力组织生产,继续致力于开拓市场,尽可能提高市场占有率,保持快速成长性;如果销售收入增长率下降至5%~10%,说明企业已进入成熟期,企业经营的重点在于延长产品生命周期,千方百计巩固市场占有率,采用强有力的促销措施显得更加重要;如果销售收入增长率下降至低于5%,说明公司产品已进入衰退期,则应果断决策,主动淘汰老产品,以新产品逐步取代老产品。

(3)主营业务收入增长率。主营业务收入增长率是企业报告期主营业务收入增长额与基期主营业务收入总额的比率,其计算公式为

主营业务收入增长率＝报告期主营业务收入增长额／基期主营业务收入总额×100%

公式中报告期主营业务收入增长额是企业报告期主营业务收入与基期主营业务收入的差额。

主营业务收入增长率表明企业重点业务的成长性，该指标从业务规模扩张方面衡量企业的持续发展能力，主营业务收入增长率越高，表明企业核心业务扩张的速度越快。

（4）净利润增长率。净利润增长率是企业报告期净利润增长额与基期净利润的比率，其计算公式为

净利润增长率＝报告期净利润增长额／基期净利润×100%

公式中报告期净利润增长额是企业报告期净利润与基期净利润的差额。净利润增长率也是考察企业成长能力的重要指标，该指标越高，说明企业盈利能力越强，持续发展能力越强。

（5）资本增长率。资本增长率是企业报告期所有者权益增加额与基期期末所有者权益总额的比率。其计算公式为

资本增长率＝报告期所有者权益增加额／基期期末所有者权益总额×100%

公式中报告期所有者权益增加额是企业报告期期末所有者权益与基期期末所有者权益的差额。

企业资本额的多少是企业发展和负债融资的基础和保证，资本增长率从资本扩张方面衡量企业的持续发展能力，资本增长率越高表明企业资本规模扩张的速度越快。

需要注意的是，资本增长率并非越快越好，过快和过大的扩张可能给企业带来潜在的风险，只有符合企业实际的、适当的增长速度才是健康的、有益的。

第五章

成本利润管控：
用"流程"去控制"成本"

　　成本利润控制中有一个值得注意的现象：一定幅度的企业成本降低，能带来更高幅度的利润增长。企业成本每降低10%，利润可能会随之增长20%，甚至更多。

　　进行成本费用管控是企业势在必行的关键工作之一，对利润增长和企业竞争力能产生杠杆效应。控住成本，可以提高盈利水平，也能对竞争对手形成竞争壁垒，增强产品的竞争力，扩大市场占有率。

一、现金流重要还是利润重要

现金流和利润哪个更重要？

相信很多人都会回答利润更重要，企业存在的目的就是赚钱。企业利润越高，说明越挣钱，竞争力越强。

从财务视角看，实际情况又是如何呢？我们看到很多完全相反的案例，有些企业不是被没有利润，而是被没有现金流拖垮的。

2018年12月19日，ofo小黄车创始人戴威发布全员信称，公司没能够对外部环境的变化做出正确的判断，导致一年来一直都背负着巨大的现金流压力。ofo垮掉的原因有很多，其中重要的一条是：现金流断裂。

而京东，曾多年处于巨额亏损中，但是京东的运营却没有压力，企业不仅没有危机，而且市值一直水涨船高，外部投资人也乐意把钱投给京东，让刘强东拿去"亏掉"，就在于京东一直有稳健的现金流。由于京东的账面是亏损的，不仅可以少缴税，还可以将融资和经营现金流投入公司的扩张中，在全国买地建物流仓储中心，反而有着良好的成长性。时至今日，京东的自营物流系统已经成了企业的核心竞争力之一。

一个公司，只要现金流是健康的，哪怕账面亏损一点，也不是大问题，企业还能照常运转。但如果现金流断掉，那随时都有关门的危险。

现金流问题可以扼杀那些原本可能存活下来的公司，美国银行（U.S. Bank）的一项研究发现，82%的公司经营失败可以归因于现金管理不当。

现金是公司的血液，只有流动起来，才能产生利益，推动公司的发展。一个公司如果没有充足的现金便无法正常运转，现金流问题如果一直得不到改善的话，必然危及公司生存。

为避免重蹈现金流断裂的覆辙，请牢记以下现金流法则。

1. 短期现金流更重要

长期看，企业利润和现金流都很重要，但短期看，现金流更重要。现金流是货真价实的，企业账上有就是有，没有也做不了假。但是利润的账务处理就复杂很多，财务人员甚至可以通过一些会计科目的调整，来"设计"出企业想要的利润额，有一定水分。

现金流是对企业账户里实打实的现金存量变化的表示，而利润更多是财务报表上的数字。例如，一单生意做下来，合同金额100万元，成本70万元，公司获得的利润为30万元，账面看利润增加了，但这笔货款有可能一年后支付，还可能存在坏账的风险。

现金流相对更实际一些。

2. 现金流 vs 利润，如何取舍

现金流和利润有时是相对立的。例如，同样一笔业务，有两种销售方案：第一种销售利润率为10%，可以要求客户先款后货；第二种销售利润率为15%，客户则要求赊销，有半年的付款账期。选择第一种方案，公司利润要低一些，但能够获得稳定而安全的现金流；选择第二种方案，利润更高，但于现金流不利。

决策者要做出取舍，是追求利润，还是追求现金流？如果在一个可预见的周期内，公司现金流比较充裕，就优先考虑利润。如果现金流捉襟见肘，则现金流第一。

3. 减少存货

企业每多一分存货，就相应减少一分现金流。为减少存货对资金的占用，要加强对存货损失风险的控制，可通过对生产规模进行精细化控制来节约库存成本。企业销售部门和市场部门还应综合运用降价和返利等各种政策，促进产

品的销售,加速存货周转。

还应对账目和实物进行严格核对,对存货的进、销、存进行动态分析。财务部要根据生产计划来核对采购部门的采购预算,对超出生产计划的物料采购一律不予批准,来降低库存,降低不必要的采购支出。

财务部每个季度都要将对仓库的盘点信息及时反馈给供应部门,及时处理长期积压的物资,降低存货成本。

4. 应收账款管理

如果企业多一分应收账款,账上就会少一分现金。为强化对企业应收账款的管理,加速资金回笼,保证资金链安全,同时也为随时监控企业应收账款存在的风险,老板应要求财务部和市场部按月上报应收账款详情,主要包括应收款项余额和账龄、大额应收账款的明细情况,以深入掌握客户信息,及时发现可能存在的坏账风险并给出预警、对策。

公司应制定详细的应收账款管理办法,根据客户的偿债能力和信用等级进行分级应收账款管理,对催收工作中表现良好的人员予以重奖,调动销售人员参与回款清欠工作的积极性。

案例 5-1

某公司规定应收账款周期不能突破 60 天,应收账款总额不能超过 1 000 万元这条红线。同时,为了更好地进行应收账款催收和管理公司,对公司客户做如下分类——

第一,对于"中"字头企业(包括"中"字头投股的企业),由于其现金流基本上有保证,对这部分业务应重点对待,可以不受信用额度控制。

第二,对于老客户中那些合作良好且付款记录良好的企业,可以继续执行现行销售政策。但铺垫资金总额包括发货未开票在内的金额不应超过 150 万元,或不超过每笔合同金额的 30%,且回笼期限不应超过 3 个月。对于信用不好的客户,应安排专人加紧催收,最大限度地保证公司资金安全。

第三,对于非"中"字头的新客户,如果是上市公司,由于其财务较透明,回款政策可以根据公司业绩和资金状况来制定,但铺垫资金不应超过 100 万元或不超过每笔合同金额的 20%，回款期限不应超过 3 个月。

第四，对其他客户，由于其资信无法从严考察，即使其提供财务信息或股东信息，也难以保证其真实性。特别是小型民营企业，风险控制能力差，当其资金链断裂时，即使其想付款，也无能为力，对这类企业原则上要现款现货，即使给予购货账期，也应足够慎重，否则，宁可放弃。

在具体执行中，销售部承接合同时要会同财务部对客户的资信和付款条件进行审核，财务部对于不符合条件的项目拥有一票否决权。

按照上述原则，可能会让我们损失掉一部分客户和利润，但也有助于夯实我们的应收账款管理基础，淘汰劣质客户，提高企业的抗风险能力。

该案例对企业具有双重警示作用，尤其是小型民营企业，更应加强现金流管理，一方面可以保持企业的健康运转，另一方面也让企业避免沦落为合作伙伴眼中的劣质客户，面临苛刻的市场生存环境。

管好企业现金流，管好存货和应收账款，要关注并控制好以下几个财务指标。

第一，回款期限（collection days），用来衡量企业需要多长时间能够收回账款，时间越短，企业现金流越充足。

第二，存货周转率（inventory turnover），用来衡量企业的存货占用营运资本和现金流的时间，周转率越高，企业财务越稳健。

第三，付款账期（payment days），用来衡量企业从收到货物到向供货商付款的时间，该账期越长，越有助于缓解企业现金流紧张的问题。

老板要监控好以上三个重要的现金流信号，提前制订计划，定期与实际情况进行比较，一旦出现异常，立即启动应急预案。

二、小公司如何做好预算控制

"预则立，不预则废。"预算是一种系统的管理方法，用来分配企业的财务、实物及人力等资源，以实现企业既定的战略目标。

通过预算，可以优化资源配置，还可以从战略的角度协调公司各部门的利益关系，把各方面工作都纳入企业总目标中来。

小公司的预算管理，要重点把控好以下几个问题。

1. 预算管理需要全部门、全员参与

关于预算，有一个常见的认知上的误区，很多人包括一些老板都认为编制预算是财务部的事情，企业预算就是财务预算。

预算管理并不等于财务预算管理，预算管理的负责人也不一定是财务部门的负责人。企业的每一个部门、每一个管理者、每一项工作的责任人，都可以是预算的编制人。企业可视规模设立专门的预算管理机构、流程部门，推进全面预算管理。

预算，可以财务部门为主导，但不能财务说了算。正因为很多人认为全面预算就是财务预算，编制预算理所当然成了财务部门的事，与开发、采购、生产、销售各部门没有关系，最终导致全面预算管理难以落地。

只有财务参与的预算，做出来其他部门可能会视而不见，而各业务部门在没有财务部门支持下做出的预算，也难以贯彻下去。

真正的预算管理，需要企业所有部门通力合作、充分沟通、各司其职、明确分工，做好权责划分，才能做出可落地的预算管理方案。

全面的预算管理，应按照企业的经营目标层层分解、下达至各个部门和下属单位，通过一系列的预算编制与执行、控制、检视、反馈、评价与考核建立一整套科学完整的指标、数据管理控制系统，强调通过全员参与、横纵沟通来实现企业全部业务的量化、细化，并对经营活动全过程的投入产出展开检视、控管，以绩效结果为导向进行评价与激励。

2. 预算编制的流程

企业编制预算，可按照"上下结合、分级编制、逐级汇总"的程序进行，具体步骤如下。

第一，目标下达。公司董事会或总经理办公室根据企业发展战略和预算期经济形势的初步预测，在决策的基础上提出下一年度企业预算目标，包括销售

或营业目标、成本费用目标、利润目标和现金流量目标,确定预算编制的政策,由预算管理委员会下达至各预算执行单位。

第二,预算上报。各预算执行单位按照企业预算管理委员会下达的预算目标和政策,结合自身特点以及预算的执行条件,提出详细的本单位预算方案,上报企业财务部。

第三,预算审查。企业财务部对各预算执行单位上报的财务预算方案进行审查、汇总,提出综合平衡的建议。

第四,预算审批。企业财务部在有关预算执行单位修正调整的基础上,编制出企业预算方案,报企业预算管理委员会讨论。对不符合企业发展的事项,进一步调整、修订。

第五,下达执行。一般在当年11月开始编制次年的预算,完成编制后分解成一系列的指标体系开始实施。

3. 预算管理的"四避免"

有效的预算管理应做到"四避免"。

第一,避免目标置换。预算目标从属于企业目标,但在企业活动中常会出现严格按预算规定,始终围绕预算目标,而忽视企业目标的状况。为了防止预算控制中出现目标置换,一方面应当使预算更好地体现计划的要求,另一方面应适当掌握预算控制力度,使预算具有一定的灵活性。

第二,避免过繁过细。如果预算对企业未来经营的每一个细节都做出具体的规定,会导致各职能部门缺乏变通的余地,影响执行效率,所以预算并非越细越好。预算应细化到什么程度,必须联系对职能部门授权的程度进行认真酌定,过细过繁的预算等于让授权名存实亡。

第三,避免因循守旧。预算制定通常采用基数法,即以历史的情况作为评判现在和未来的依据。可能出现的漏洞是——职能部门有可能故意增大日常支出,甚至出现在年底突击花掉预算的现象,以便在以后年度中获得较高的预算支出标准。因此,必须采取有效的预算控制措施来避免这一现象,如通过详尽报表内容、健全报表体系等方法减少人为因素,提高预算的精确性和科学性。

第四,避免一成不变。预算制定出来以后,预算执行者应当对预算进行管理，促进预算的实施，必要时可根据实际情况进行修订和调整。预算管理不能一成不变，要对预算进行定期检查，如果情况已经发生重大的变化，就应当调整预算或重新制定预算，以达到预期目标。

三、小公司如何做成本管控

企业经营管理离不开两件事。

第一，提高收入。

第二，降低成本。

企业运营是否高效，离不开销售和营业额，它们能带来收入和利润。企业管控还有一个不容忽视的重要因素——对成本的管控。

成本控制中有一个值得重视的现象：一定幅度的企业成本降低，能带来更高幅度的利润增长。企业成本降低 10%，利润可能会随之增长 20%，甚至更多。

进行成本费用管控是企业势在必行的关键工作之一，对利润增长能产生杠杆效应。

企业降低成本，可以提高盈利水平，也能对竞争对手形成竞争壁垒，增强产品的竞争力，扩大市场占有率。

| 案例 5-2 |

格兰仕集团，原是一家羽绒制品和服装加工企业，后成功转型为家电制造企业，主导产品是微波炉。三年之后，格兰仕成长为中国微波炉第一品牌。

1993 年，格兰仕第一批 1 万台微波炉下线。1996 年，格兰仕微波炉产量增至 60 万台，随即宣布高达 40% 的降价幅度，降价的结果是，格兰仕的销售量猛增至 200 万台，市场占有率达到 47.1%。

格兰仕所创造的成功，让外到包括全球第二大零售商家乐福、英国最大的零售商特易购等跨国公司，内到中国的国美电器、苏宁电器、大中电器等连锁巨头，都纷纷前往格兰仕造访取经。一时间，"北学海尔，南学格兰仕"的呼声不绝于耳。

在快速崛起的过程中，价格战是格兰仕掌握的一个秘密武器，客观地说，

第五章 成本利润管控：用"流程"去控制"成本"

价格战是一把双刃剑，然而，格兰仕却将这个手段发挥到了极致。

格兰仕先后进行了9次大规模降价，最低降幅为25%，一般都在30%～40%，被业界誉为"价格杀手"。格兰仕的价格战导致了一次次的行业洗牌，那些规模小、竞争力弱的同行纷纷出局。

格兰仕走的是"规模扩大带动的是成本下降，微波炉降价又直接扩大了市场容量，企业资金回流也相应增加，企业规模再次扩大，成本再次下降……"这样一条良性循环之路。

格兰仕之所以敢大打价格战，在于其一流的成本控制能力，海尔总裁张瑞敏曾说："在中国家电行业里，格兰仕在成本管理方面是非常优秀的。"

格兰仕的成本优势是从大规模生产中获得的，格兰仕没有按惯例去大规模扩充生产线，而是走了一条虚拟联合扩张的新路子，不动用自有资金进行新的固定资产投资，而是用别人的钱为格兰仕兴建生产线，让格兰仕免于背上沉重的成本负担，轻装前进。

以微波炉的变压器为例，起初，格兰仕分别是以23美元、30美元的价格从日本、欧洲进口的，格兰仕总裁梁庆德感觉成本太高，就和欧洲的供货商洽谈："你把生产线搬过来，我们帮你干，然后8美元给你供货。"

日本供货商的压力于是倍增，时机成熟后，梁庆德又对日本企业说："你把生产线搬过来，我们帮你干，干完后5美元给你供货。"于是，一条条先进的生产线都几乎被"无偿"搬过来了，格兰仕的成产能力大幅提升，技术水平的集约化程度也得到提高，成本大幅度下降，格兰仕变压器的实际成本很快降至4美元，而引进的先进生产线，格兰仕几乎没有投入一分钱。

除了合理利用外部产能，格兰仕还在工作时间上进行深挖，员工分三班倒，生产线24小时都处于高速运转中，格兰仕的一条生产线发挥出的产能相当于欧美企业的6～7倍。

格兰仕在成本控制和生产效率方面都遥遥领先竞争对手。

成本控制在格兰仕集团，已经深入每一个员工的内心，夏天晚上如果有人加班，只是开着窗户，而空调往往是关着的。没有人加班的地方灯也是关的，只有加班员工头顶上的灯是开着的。即便是公司高层管理人员，如果下班时不超过5个人，他们也都会从楼上走下来，而不会乘坐电梯。

以上成本控制措施，让格兰仕获得了其他企业难以望其项背的成本优势和竞争优势。

企业作为市场经济的经营主体，主要目标是获得经济利益，追求利润最大化。为此不仅要扩大生产能力，提高产品市场占有率，还要特别注意进行成本控制，节约的也是利润。

但成本管理并不是为了节约而节约，也不等同于毫无底线地降低成本，应是为了建立和保持企业的长期竞争优势采取的一种措施。低成本策略是强调在与竞争对手同等条件下的低成本，不是牺牲产品或服务质量的低成本。

企业的成本管控要做到以下几点。

1. 全流程

对产品设计、工艺、采购、制造、销售、使用的整个过程发生的成本进行控制，而有效的全流程成本控制又包括事前控制、事中控制和事后控制三个环节。

第一，事前控制，即要对可能出现的结果进行预测，然后和计划要求进行比较，在必要时调整计划和控制影响因素，确保成本控制目标实现。

第二，事中控制，又称过程控制和执行控制，是成本控制的基础与重点工作。

第三，事后控制，又称反馈控制，分析成本控制的执行情况，将其与控制标准相比，发现问题，分析原因，及时采取措施并实施，防止问题再度发生。

2. 全员参与

企业成本控制不是靠老板自己，也不是靠管理层，要树立全员成本控制意识，做到全员参与，不遗漏一人。同时，要分解指标，明确责任，将成本控制的任务和指标落实到每一个人头上。

企业要充分整合和利用内外资源，只有全员参与、全员重视的成本控制，才能真正实现费用成本、时间成本和质量成本的有效控制。

3. 标准化

成本管理要力求做到量化，能够定量的要定量，不能定量的要定性，做到成本管理有标准可依。

标准成本是一种计划成本，是进行成本管控的标杆和定额。通过建立各种成本定额，如采购成本定额、生产工艺定额、劳动工资定额、销售成本定额等，提高成本管控的标准化。

通过量化、标准化管理，可避免成本、费用开支的盲目和随意，提高资金使用效率、运营和管理效益。

4. 奖惩相结合

成本控制的对象是人，成本控制的主体是人，成本控制的重点也是人，而不是某个成本项目或费用项目。企业中的每件工作都是人在做，成本是在人的手上产生的。因此，成本控制任何时候都不能忽略了人的因素，必须从人的角度进行考量，结合相应的奖惩措施来推进，才会更加有效。

举例来说，某员工的月工资是3 000元，工作中该员工发现一种新工艺，可为公司节省5万元。但是如果他使用了该方法，每个月拿到的薪水还是3 000元，那这名员工大概率不会去主动采取节约成本的新工艺，因为"多一事不如少一事"，也因为"出力不讨好"。但如果公司积极鼓励员工进行成本控制、厉行节约，果断将成本降低额的10%拿出来奖励当事人，员工参与成本控制的积极性就会被激发出来。

仅仅有奖励还不够，还要结合惩罚措施，对成本费用浪费现象也要做出相应惩罚。

四、公司做多少业务才能保本

公司做多少业务才能保本？或者说公司卖多少产品才能保本？

从财务角度看，上述问题其实就是企业的盈亏临界分析，本质上是一种量本利分析法（产量成本利润分析），也叫保本分析或盈亏平衡分析，是通过分析企业生产成本、销售利润和产品数量之间的关系，掌握盈亏变化的规律。

利用量本利分析法可以计算出企业的盈亏平衡点，又称为保本点、盈亏临界点。其原理依据是：当产量增加时，销售收入呈正比增加，但固定成本不增加，只是变动成本随产量的增加而增加。解决的是如何确定盈亏临界点、有关因素变动对盈亏临界点的影响等问题。可以为决策者提供在何种业务量下企业将盈利，以及在何种业务量下会出现亏损等信息。

盈亏临界点，是指企业处于收入和成本相等的经营状态，即边际贡献等于固定成本时企业所处的既不盈利又不亏损的状态。

盈亏临界点有三个量化标准。

1. 盈亏临界点销售量

确定临界点销售量之前，要先了解固定成本（fixed cost）和变动成本（variable cost）。

固定成本，是为维持企业提供产品和服务的经营能力的必需开支，不轻易受业务量增减变动影响，会长时间内保持不变。如厂房和机器设备的折旧、房屋租金、底薪工资、新产品开发费、广告费、员工培训费等就属于固定成本。

变动成本，随产量的变化而变化，常常在实际生产开始后才需支付。比如提成、奖金、水电费、制造费用、原材料等就属于变动成本。

就单一产品企业来说，盈亏临界点的计算并不困难。

利润的公式为

利润 = 单价 × 销量 - 单位变动成本 × 销量 - 固定成本

假设利润为零，即盈亏平衡点，此时的销量为盈亏临界点销售量：

0 = 单价 × 盈亏临界点销售量 - 单位变动成本 × 盈亏临界点销售量 - 固定成本

盈亏临界点销售量 = 固定成本 /（单价 - 单位变动成本）

又由于

单价 - 单位变动成本 = 单位边际贡献

上式又可写成

盈亏临界点销售量 = 固定成本 / 单位边际贡献

例：某企业生产一种产品，单价30元，单位变动成本12元，固定成本18 000元/月，计算其盈亏临界点销售量。

盈亏临界点销售量=18 000/（30-12）=1 000（件）

2. 盈亏临界点销售额

单一产品企业毕竟是少数，大部分企业往往产销多种产品。多品种企业的盈亏临界点，尽管可以使用联合单位销量来表示，但是更多的是用销售额来表示盈亏临界点。

由于利润的计算公式为

利润 = 销售额 × 边际贡献率 − 固定成本

当利润等于零时，此时的销售额为盈亏临界点销售额：

0= 盈亏临界点销售额 × 边际贡献率 − 固定成本

盈亏临界点销售额 = 固定成本 / 边际贡献率

根据上例的数据：

盈亏临界点销售额 =18 000/［（30-12）÷2］=18 000/9=2 000（元）

3. 盈亏临界点作业率

盈亏临界点作业率，是指盈亏临界点销售量占企业正常销售量的比重。正常销售量，是指正常市场和正常开工情况下企业的销售数量，也可以用销售金额来表示。

盈亏临界点作业率的计算公式为

盈亏临界点作业率 = 盈亏临界点销售量 / 正常销售量 ×100%

该比率表明企业保本的业务量在正常业务量中所占的比重。由于多数企业的生产经营能力是按正常销售量来规划的，生产经营能力与正常销售量基本相同，所以，盈亏临界点作业率还表明保本状态下的生产经营能力的利用程度。

假设上例中的企业正常销售额为2 500元；盈亏临界点销售额为2 000元，则盈亏临界点作业率 =2 000/2 500×100%=80%

计算表明，该企业的作业率必须达到正常作业的 80% 以上才能取得盈利，否则就会亏损。

五、利润分配的正确顺序

待分配的利润为净利润，是企业在某一会计期间缴纳所得税后的净经营成果，也称为税后利润或净收入。净利润是企业的所有者权益，企业所有者有权自主分配。

利润分配，是企业根据国家有关规定和企业章程、投资者协议等，对企业当年可供分配的利润按顺序在企业和投资者之间进行合理分配。

企业当年实现的净利润，一般应按照下列内容、顺序和比例进行分配。

1. 计算可供分配的利润

将企业本年净利润（或亏损）与年初未分配利润（或亏损）合并，计算出可供分配的利润。如果可供分配的利润为负数（即亏损），则不能进行后续分配；如果可供分配的利润为正数（即本年累计盈利），则进行后续分配。

2. 提取法定盈余公积金

如果不存在年初累计亏损，法定盈余公积金按照税后净利润的 10% 提取。法定盈余公积金已达企业注册资本的 50% 时可不再提取。提取的法定盈余公积金用于弥补以前年度亏损或转增资本金，但转增资本金后留存的法定盈余公积金不得低于注册资本的 25%。

3. 提取任意盈余公积金

《中华人民共和国公司法》第一百六十六条规定："公司从税后利润中提取法定公积金后，经股东会或者股东大会决议，还可以从税后利润中提取任意公积金。"

外商投资的有限责任公司和股份有限公司，在计提法定和任意盈余公积时，适用《中华人民共和公司法》的上述规定；有关外商投资的法律另有规定的，适用其规定。

4. 向股东（投资者）支付股利（分配利润）

《中华人民共和国公司法》第三十四条规定："股东按照实缴的出资比例分取红利；公司新增资本时，股东有权优先按照实缴的出资比例认缴出资。但是，全体股东约定不按照出资比例分取红利或者不按照出资比例优先认缴出资的除外。"

提取公积金后的企业剩余利润，可向股东进行分配。如果公司股东会或董事会违反上述利润分配顺序，在抵补亏损和提取法定公积金之前向股东分配利润，必须将违反规定发放的利润退还公司。

如何向股东分配股利呢？

股利分配与公司的资本结构相关，而资本结构又是由投资所需资金构成的，因此实际上股利政策要受到投资机会及其资金成本的双重影响。

剩余股利政策就是在公司有着良好的投资机会时，根据一定的目标资本结构（最佳资本结构），测算出投资所需的权益资本（权益资本是投资者投入的资本金，体现出资者权益，其资本的取得主要通过接受投资、发行股票或内部融资形成，是企业依法筹集并长期拥有、自主支配的资本），先从盈余当中留用，再将剩下的盈余作为股利予以分配。

采用剩余股利政策时，应遵循四个步骤。

第一，设定目标资本结构，即确定权益资本与债务资本（债务资本是指债权人为企业提供的短期和长期贷款，不包括应付账款、应付票据和其他应付款等商业信用负债）的比率，在此资本结构下，加权平均资本成本将达到最低水平。

第二，确定目标资本结构下投资所需的股东权益数额。

第三，最大限度地使用保留盈余来满足投资方案所需的权益资本数额。

第四，投资方案所需权益资本已经满足后若有剩余盈余，再将其作为股利发放给股东。

案例 5-3

假定某公司某年提取了公积金、公益金后的税后净利润为 350 万元，第二年的投资计划所需资金为 400 万元，公司的目标资本结构为权益资本占 70%、债务资本占 30%，那么，按照目标资本结构的要求，公司投资方案所需的权益资本数额为

$$400 \times 70\% = 280（万元）$$

公司当年全部可用于分配股利的盈余为 350 万元，可以满足上述投资方案所需的权益资本数额并有剩余，剩余部分再作为股利发放。当年发放的股利额即为

$$350 - 280 = 70（万元）$$

假定该公司大股东、二股东分别持股 60%、40%，则二人获得的股利分红分别为 42 万元、28 万元。

【工具】成本管控流程表

成本管控流程表如下表所示。

成本管控流程表

名称	成本管控流程			编号	
				进度	
环节	生产成本	管理成本	销售成本	高层决策	
实施过程	财务部对实际生产成本及时入账 → 财务部根据企业制度定期编制生产成本分析表 → 财务部将实际发生的生产成本和预算进行对比,找出差异并分析其原因 → 财务部就上述差异情况编写分析报告,并上报领导审批	财务部负责编写全面预算,并上报领导审批 → 全面预算经批准后,财务部负责下发到各部门并进行监督 → 财务部编制资金使用计划 → 财务根据相关数据,定期编制资金成本、管理费用分析表 → 将实际发生的管理费用和预算进行对比,找出差异并分析其原因 → 财务部就上述差异情况编写分析报告,并上报领导审批	财务部对实际销售成本及时入账 → 财务部根据企业制度定期编制销售费用分析表 → 财务部将实际发生的销售费用和预算进行对比,找出差异并分析其原因 → 财务部就上述差异情况编写分析报告,并上报领导审批	企业决策层根据上述差异状况,对资金使用计划给出改进意见	
备注					
编制人		审核人		批准人	
编制日期		审核日期		批准日期	

第六章

资本、资金、资产管控：
用"效率"去实现"增值"

小微企业在成立之初会面临资金管理上的种种问题，受各种主客观条件所限，其资金管理方法和管理能力都处于较低的水平，如果企业的资金管理不到位，就可能导致资金链断裂，出现严重的经营问题。而资金管控好的企业，则有充裕的现金流，能够实现对资金利用的最大化。

小公司应强化资金管理，确保公司现金流的持续、稳健、充裕，实现资产的扩张，实现资本的增值，让公司越来越值钱。

第六章　资本、资金、资产管控：用"效率"去实现"增值"

一、如何让公司更赚钱

企业赚钱，建立在一套系统和机制之上，核心要素包含以下三点。

第一，老板：领导因素。老板是公司的掌舵人和带头人，选择要进入的行业，把控好公司走向。

老板的核心能力在于其商业直觉（发现市场机会）、经营意识和企业家思维，调动自己能够调动的一切资源，来实现企业经营目标和利润目标，这些要素可称为企业家精神。

有许多老板沉浮商海数十载，哪怕一时栽了跟头，甚至倾家荡产，依然还能够凭借骨子里的企业家精神东山再起，就如《1942》里的地主在逃亡的路上仍信心满满地跟长工说："我知道怎么从一个穷人变成财主，给我十年，你大爷我还是东家。"

柯达和诺基亚的惨痛教训告诉我们，没有永远成功的企业，只有时代的企业，老板的一个重要职责就是要看清行业大势，充分发挥掌舵人的职责，在企业发展的关键节点，要有壮士断腕的决心，及时做好转型，实在转不动就转行。

第二，人：人才因素。经营企业，老板经常感觉到精力不济，时间不够用。原因就在于老板不懂授权，不懂用人，总是充当救火队员，冲锋在企业一线，叫苦不迭，时常感觉到忙和累。

企业依靠一个教父式人物包打天下的时代已经渐行渐远，而建设企业团队，发挥团队的力量，已经成为企业界的主流认识。我们所看到的几乎所有现代式企业成功，都是团队合力奋斗的结果。

华为总裁任正非写过一篇文章叫《一江春水向东流》，文中有这样一番话："……我深刻地体会到，组织的力量、众人的力量，才是力大无穷的……在时代前面，我越来越不懂技术、越来越不懂财务、半懂不懂管理，如果不能民主地善待团体，充分发挥各路英雄的作用，我将一事无成。"

所谓"一将无能，累死千军"，如果企业老板不能有效发挥团队和人才的作用，不善于"使众人行"，企业将很难做大做强。

第三，钱：资金因素。在老板眼里，钱不再是钱，而是赚钱的工具。从字形上看，"赚"字是由"贝"和"兼"字构成，"贝"意指资金、资本，"兼"可看作兼职，即让资金去兼职，实现赚钱的目的，也就是让钱生钱，实现资本增值。

《中华人民共和国公司法》规定，股东将财产投入公司，失去的是对财产的所有权，换来的是股东权利。这种股东权利即是分享公司原始资本增值利益的权利。

在股东权利中，有一项股利分配请求权，公司获得盈利后，股东有权请求公司向股东分配股利。这是所有老板独资创业以及股东合伙创业的原动力所在。

罗杰·道森是美国前总统顾问，著名的谈判大师，也是成功的企业家。在道森看来，世界上只有两种问题，一种是人的问题，一种是钱的问题。数十年风云变幻的商界生涯，让道森坚信，只要能够解决好人和钱的问题，那所有的问题都会迎刃而解。

企业经营要面临三大常态，要么缺人，要么缺钱，要么二者皆缺，既不缺钱又不缺人的企业，极为罕见。

1. 如何解决人的问题

企业经营的核心要素是钱和人，钱和人之间的关系又无外乎以下这几种。

拿自己的钱办自己的事，结果是——既节约又有效率。

拿自己的钱办别人的事，结果是——节约但没有效率。

拿别人的钱办自己的事，结果是——不节约但有效率。

拿别人的钱办别人的事，结果是——不节约也没有效率。

为什么老板在没有上级监督的情况下，会起早贪黑、无怨无悔、全力以赴地服务于公司，忠于事业，就因为他们是在拿自己的钱给自己办事，是在为自己赚钱。

对于老板来说，工作已经成为一种信仰，所有的坎坷羁绊都要为此让路，付出再大的代价也在所不惜。因为，他们是在为自己赚钱。

如何解决人才的问题？老板要先问自己，员工为什么要跟着你混？

企业老板，要给员工创造四种机会：赚钱的机会，做事的机会，成长的机会，发展的机会。

赚钱的机会，应排在第一。老板做企业，要有分钱的意识，给大家打造一种"发财"的机制，让大家能挣到钱，得到发展，这样才能共同成长、共同赚钱。

2. 如何解决钱的问题

公司资金来源主要有以下几种。

（1）股东投资。股东投资是企业运营的启动资金，必不可少。比如，马云和其他成员创立阿里巴巴时，大家凑的50万元，以及1987年任正非和几个志同道合的中年人共同出资2万元创立华为。

（2）经营现金流。经营现金流即公司通过产品和服务提供，从客户处获得的现金收入，这是公司收入的重要构成部分，也是公司现金流的核心来源。

（3）融资。当老板、股东投入资金和客户现金流不足以支撑企业日常运营和未来发展之需时，就要进行外部融资。融资又分债权融资和股权融资两种。

债权融资比较简单，举债还钱，支付利息，本金利息支付完毕，双方债权债务关系终结；股权融资则是以出让企业股权的方式，来获得外部投资者的资金支持，投融资双方是一种战略互信合作的关系。

股权融资模式下，投资人看重的是企业的未来成长性和长期价值，融资人则借助外部资金来渡过当下难关，同时布局未来。

（4）投资收入。投资收入即公司对外投资所获得的收益，包括对外财务投资和股权投资，财务投资多为短期投资，股权投资多为长期性、战略性投资。

3. 如何让公司更赚钱

在行业因素和人才因素一定的情况下，老板提高公司利润的关键在于加强财务管控，利用好财务杠杆。

（1）提高资金利用效率。资金利用效率直接影响公司利润。假设公司拥有资本 100 万元，销售利润率为 15%，但是资金运营效率比较低，一年只能周转一次，企业的年收益率就是 15%。

在同样的资金前提下，如果企业能将年资金周转次数提高到 5 次，企业的年收益率将会提高到 75%。

（2）借助财务杠杆。同样是上面的例子，企业拥有 100 万元本金，销售利润率为 15%，每年资金周转次数为 5，如果老板增加财务杠杆，举债 100 万元投入经营，此时企业的财务杠杆就是 2，年收益率将增加到 150%（在不扣除债务成本的前提下）。

（3）借助投资杠杆。这即"让钱生钱"，也就是通过资本运作，通过股权投资、企业收购、兼并等资本手段，来扩大企业规模，实现财富的倍增。

二、如何评估公司盈利能力和股东回报

公司价值，直接反映为公司盈利能力和股东权益回报水平，公司盈利能力和股东权益回报水平可以用杜邦分析法（DuPont analysis）来进行评价。

杜邦分析法（简称杜邦体系）是利用各个主要财务比率指标之间的内在联系，来综合分析企业财务状况的方法，该方法最初由美国杜邦公司的经理们提出创立并成功运用而得名。杜邦分析法是采用杜邦分析图将有关分析指标按内在联系加以排列，从而直观地反映出企业的财务状况和经营成果的总体面貌。

杜邦分析法可以提供下列主要的财务指标关系。

$$权益利润率 = 总资产利润率 \times 权益总资产率$$

即

$$利润总额 / 所有者权益 = 利润总额 / 资产总额 \times 资产总额 / 所有者权益$$

$$总资产利润率 = 销售利润率 \times 总资产周转率$$

即

$$利润总额 / 资产总额 = 利润总额 / 销售收入 \times 销售收入 / 平均资产总额$$

$$权益总资产率 = 资产总额 / 所有者权益$$

上述分析体系可得出以下结论。

1. 权益利润率

权益利润率，是所有比率中综合性最强、最具有代表性的一个指标，也是杜邦分析法的核心，其他各项指标都是围绕这一核心，通过研究彼此间的相互依存和制约关系，从而揭示企业的获利能力及其前因后果。

财务管理的目标是让企业所有者财富最大化，权益净利率反映企业所有者投入资金的获利能力，反映企业筹资、投资、资产运营等活动的效率，提高权益净利率是实现财务管理目标的基本保证。该指标的高低取决于经营效率、资产使用效率以及财务杠杆度的高低。

如果公司的权益净利润率不理想，可通过销售净利率、总资产周转率和权益总资产率对这三个财务比率进行纵向比较和横向比较，找出其中原因，制订和采取改进措施。

2. 总资产净利率

总资产净利率也是一个重要的综合性财务比率指标，它是销售净利润率和总资产周转率两者的乘积，因此，要进一步从销售成果和资产运营两方面来分析。要提高销售净利润率，不仅要扩大销售，不断增加销售收入，还要降低各项成本。要提高总资产周转率，则一方面要增加销售收入，另一方面应降低资金占用。

3. 销售净利润率

销售净利润率反映了净利润总额与销售收入的关系，提高销售净利润率是提高企业获利能力的关键所在。

要提高销售净利润率，一是要扩大销售收入，二是要降低成本费用。扩大销售收入具有重要的意义，它有利于提高销售利润率，同时它也是提高总资产周转率的必要前提。降低成本费用是提高销售净利润率的另一个重要因素，应研究企业成本费用结构是否合理，从而加强成本的有效控制。

4. 总资产周转率

总资产周转率揭示的是企业总资产实现销售收入的综合能力。企业要结合销售收入分析企业总资产的使用是否合理，流动资产和非流动资产的安排比例是否恰当。

此外，还需对资产的内部结构以及影响总资产周转率的各项具体因素进行分析。例如，要分析存货是否有呆滞积压现象，要分析货币资金是否闲置不用，要分析应收账款客户的付款能力，有无坏账可能。对于长期资产，应重点分析固定资产、在建工程，分析企业固定资产是否得到充分的利用。

5. 权益乘数

权益乘数反映所有者权益同总资产的关系。在总资产需要量既定的前提下，企业适当开展负债经营，相对减少所有者权益所占的份额，就可使权益乘数提高，这样能给企业带来较大的财务杠杆利益，但同时企业也需要承受较大的风险压力。

通过杜邦体系自上而下的分析，不仅可以揭示企业各项财务指标间的结构关系，查明影响各项主要指标变动的因素，而且为决策者优化经营理财状况、提高企业经营效益提供了思路：提高主权资本净利率的根本在于扩大销售、节约成本、优化投资配置、加速资金周转、优化资金结构、确立风险意识等。

作为杜邦分析法的补充，企业老板和财务人员还可结合以下企业经济效益评价指标对公司的盈利能力和股东回报情况进行综合分析（表6-1）。

表6-1 企业经济效益评价指标体系

指标		计算公式	用途说明
获利能力指标	销售利润率	利润总额/产品销售收入净额	衡量企业营收的获利水平
	总资产报酬率	息税前利润总额/资产平均总额	衡量企业运用全部资产的息税前获利能力
	资本收益率	净利润/实收资本	衡量企业运用投入者投入的资本获取净利的能力
	资本保值增值率	期末所有者权益总额/期初所有者权益总额	衡量企业投资者拥有企业主权资本的完整性、保全性和增值性

续表

指标		计算公式	用途说明
偿债能力指标	资产负债率	负债总额/资产总额	衡量企业负债水平高低和承担财务风险的能力
	流动比率（或速动比率）	流动资产（速动资产）/流动负债	衡量企业偿付到期债务的能力
营运能力指标	应收账款周转率	赊销净额/应收账款平均余额	衡量应收账款的周转速度
	存货周转率	产品销售成本/存货平均余额	衡量存货资产的周转速度
社会贡献指标	社会贡献率	企业社会贡献总额/资产平均占用总额	衡量企业运用全部资产为国家或者社会创造或支付价值的能力
	社会积累率	上缴国家财政总额/企业社会贡献总额	衡量企业社会贡献总额中上缴国家财政的比率

三、小公司资金管理

社会上有很多"月光族"，不善于管理资金，导致月月光，而随着信用卡以及花呗、借呗、京东白条等互联网超前消费工具的出现，更多人开始透支消费，"月光族"变身为"负债族"，不断恶性循环，负债累累。而有些人则能够通过对资金的合理管控，有效管理支出，进行合理的理财、投资，实现了资金的保值、增值。

小微企业在成立之初也往往会面临资金管理上的种种问题，受各种主客观条件所限，大多数小微企业的资金管理方法和管理能力都处于一个较低的水平，如账户资金不清不楚、缺乏相应的资金管理人才和技术、难以承受专业的资金管理系统费用等。

如果企业的资金管理不到位，就可能导致资金链断裂，出现严重的经营问题。而资金管控好的企业，则有充裕的现金流，能够实现对资金利用的最大化。

企业的资金，通常被认为是现金和银行存款，广义上的企业资金也包括有价证券。

企业的银行存款主要是活期存款，它与现金均是支付工具，但用途不一。一般说来，现金主要用来进行小额、零星的支出，而银行存款则用来进行大额支出。

营运资金是企业资金管理的又一个重要对象，何谓营运资金呢？目前主要有两种定义。

第一种定义：营运资金＝应收账款＋存货－应付账款。

这一定义将应收、应付票据纳入应收、应付账款的范畴中。

第二种定义：是实践中的做法，即将营运资本定义为资产减去流动负债。该定义下，营运资金表示企业现金、有价证券、应收账款和存货方面的投资减去用于流动资产筹资的流动负债。

关于营运资金的第一种定义，其实也可理解成企业所要负担的营运资金。应收账款和存货会挤占资金，而应付账款相当于借入资金。一般说来，当业务发展时，因为应收账款与存货的增加额会超过应付账款的增加额，所以营业收入增加时，营运资金的必要额一般也会增加，有时即使营业额不变，也会因应收账款周转期延长而需要增加营运资金。

实现资金管控合理化，可以从以下三个方面入手。

1. 合理管控

建立资金管理制度、规则，以做到每笔支出都要有合理的计划和安排。同时实行全面预算制度，以做到每一笔资金流出都在计划内。

对占用资金的库存品和滞销品，要及时予以处理，以盘活资金，充实企业的现金流，实现资金利用效率的最大化。

同时，要尽可能做到资金支出的预算、预警，将资金风险降至最低。

2. 技术监督

在资金管理上，小微企业多采用财务人工核算、调度和管控的方式，账目容易混乱，数据易于丢失，导致出现呆坏账。针对这种情况，有条件的小公司要充分借助资金管理的技术手段，如借助信息化资金管理系统，一方面能够保证资金数据的实时更新，老板也能随时清楚公司账上有多少钱，掌握资金的运行情况。另一方面，借助信息化技术进行资金管理和监督，也能确保公司资金的安全。

3. 资金增值

实现资金的增值，是资金管理的更高境界。资金增值可通过两种方式来实现。

第一，提前回收账款。对一些还未到期的应收账款，如果能够提前收回，就意味着企业可以提前占有支配这笔资金，不仅能缓解公司的资金流压力，而且能够获得资金在时间上的增值。

第二，对外投资。对于现金流充裕的公司，如果有合适而稳健的投资渠道，可以选择合适的理财或投资方向，让资金得到增值。但要避免盲目投资和高风险投资，以免危及企业现金流。

可供小微公司采用的现金管理方式有很多，没有固定的模式可循，只要适合自身的方式就是最好的资金管理方式。最后分享一个案例。

| 案例 6-1 |

资金控制是企业内控机制的重心所在，浙江 B 公司在加强内部资金控制机制方面，有一些成功经验，值得借鉴。

（一）完善企业内部控制制度

B 公司根据自身情况和所处行业特点，制定了集中统一和分级管理相结合的财务管理体制。企业本部作为资金管理和投资中心，推行"五个统一"的管理措施，即统一资金调配、统一对外投资、统一购建固定资产、统一利润分配和统一内部结算价格。

企业下属子（分）公司作为成本中心和利润中心，其财务管理目标是降低成本、节约开支、增加收入。

公司建立了一套以财务管理为主线，层次分明、责任明确的目标计划管理体系，制定了详细的财务管理和会计核算制度，用来控制从材料采购到产品销售、从物流到资金流、从经济核算到内部控制等各个环节和方面。对于内控职责，公司将之落实到了每一位基层员工身上，他们既是责任者，又是管理者。上下管控、互相管控和自控等多种形式环环相扣，形成了严丝合缝的财务控制体系。

在财务制度建设中，公司的重点是"四查四建"。

第一，检查历史上决策情况，建立相对科学的决策程序。

第二，检查应收账款及赊销情况，建立完善的应收账款（货款）管理办法。

第三，检查存货资金的占用情况，建立严格的采购、验收、储存管理制度，积极推行 ABC 管理法，在条件具备时，实行"零点库存"制。

第四，检查企业各项成本费用的支出水平，建立以标准成本、定额费用为内容的管理措施。

（二）实行全面资金预算管理

资金预算是企业经营思想、经营目标和决策的一种反映，它的目的在于全面整合企业的业务流和现金流。并根据职责范围，将相应的责任落实到相关单位、部门或个人。

为了将全面预算管理落到实处，B 公司专门成立了预算管理委员会，其职责主要有以下两方面。

第一，对企业整个预算编制、审核的过程，进行认真调查、调整、计算分析。

第二，围绕总体预算目标，找差距、提建议、想办法，解决矛盾，制定切实有效的预算编制、执行、调控、考核以及各项预算资料收集运用制度。

企业全面财务预算由本部综合预算和分公司预算构成，其中，综合预算包括三方面内容。

第一，以企业经营成果为核心的盈利预测。

第二，以企业现金流量为基础的财务收支预算。

第三，以企业技术改造、固定资产和对外投资为主要内容的投资预算。

分公司预算，是各分公司对各自生产经营及经营成果的预测和计划，要求细化到可供具体操作，需要列出各项财务指标的明细表，能够定量考核。

例如在做销售预算时，不仅要对年度经济形势和市场供求变化进行分析，同时还要根据竞争对手的情况，来分析自身产品的优劣势，研究需要采取何种竞争对策，制订出月度、季度销售计划和回款计划，将具体的任务指标落实到每一个销售人员身上。

在进行其他方面的预算时，也是如此，都要列出详细的数据和说明，在编制这些预算的过程中，公司上下要密切配合，及时交换意见、交流信息、充分沟通，杜绝决策的盲目性和随意性。

（三）严格预算授权审批制度

公司本部有预算的综合审批权，在实际运作过程中，如果出现特殊情况需要变更预算金额和项目的，可进行灵活调整，这种调整应逐级进行。

第一，调整额在 5 万元以下的，由总经理授权财务部审定。

第二，调整额在 5 万元以上的，由财务部审核并报总经理批准。

第三，对单位土建工程投资项目进行预算调整的，每增加 1 万元以上的情况需报财务部审定、总经理批准；增加 1 万元以下的情况则由各分（子）公司报财务部审定、批准。

第四，企业月度财务收支预算应在每月的 15 日调整一次，各分（子）公司应及时将预算调整资料上交财务部，由财务部根据各单位、部门的用款计划进行审查、分析，并结合上月实际和本月的销售情况、往来款清理以及银行短期贷款等情况，做好平衡后报总经理批准执行。

第五，年度预算要在每年的 6 月调整一次。

（四）重点加强对采购、生产、销售环节的资金控制

1. 采购控制

采购控制的主要环节包括请购、订购、合同审计、验收和付款。采取的控制措施主要有以下三方面。

第一，生产、销售部门不能自行采购，采购活动由企业专职采购员负责，采购员同时也不能兼办类似销售、会计等其他业务。对于物资的请购、订购、合同审计、验收和付款，企业各部门应该进行明确分工，各司其职。

第二，采购要按计划进行，签订正规的采购合同，采购费用也要做好计划。

第三，严格控制收入库与付款结算环节，出纳部门依据经公司验收部门签字、审计部门审计核实、财务部主管审批后的各种原始单据承付货款，缺一不可。

2. 生产控制

企业生产部门应根据生产情况，每年修订一次原材料消耗、机物料消耗及各项费用定额。财务部应监督生产部门的成本定额执行情况，按月、季、年及时分析成本费用升降原因，建立各项费用归口管理制度、费用支出奖罚制度和费用分析制度。

3. 销售控制

销售过程中应着重对销售合同、编制发货单、开票收款等环节进行控制，可以采取的控制措施主要有以下几点。

第一，企业的所有销售业务由销售部负责，其他人员不能自行销售。

第二，销售业务的合同签订、销售方式和结算方式的选择等各个环节，都要按照规定进行。

第三，做好销售检查工作，尤其是要做好分期付款销售、委托代销、移库代销或受托代销的控制。

第四，建立销售退回的控制制度。

第五，针对不同的销售单位采用不同的结算方式。如对本地客户可采取转账支票、小额现金等结算方式；对外地客户，则可采取银行汇票、异地托收及出口信用证等结算方式，并且需要根据不同的资信等级选用。

财务部应设立分地区、分用户性质的往来款结算明细账，由专人进行详细登记，每月结账后编制大额往来结算户余额表分送总经理及有关责任部门。各有关责任部门应建立相应的客户往来款台账，每月与财务部门进行核对，在合同履行期内及时清理，对超期未收回的需将案卷移送财务部，报经相应主管领导批准后，派专人前往清理和催讨，必要时可通过法律途径予以解决。

（五）预算执行情况分析

财务部根据资金流转各环节和经营特点，由各部门按月归口分析各项指标，如采购部门负责机物料储备和消耗的分析；生产部门负责生产计划完成、能源消耗、原料储备分析；销售部负责产品、合同履行率分析；财务部负责各项经济指标的综合分析。

各个部门的分析，都要形成书面报告，财务部的报告要重点分析企业现金流量执行情况。从纵向上，要分析各分（子）公司的收支完成额。从横向上，要分析企业收支结构，主要包括以下两个方面。

第一，从材料采购、投资、归还借款、工资性支出、其他各类经营管理费用等方面分析支出结构。

第二，从营业收入、劳务收入、应收款回收、短期借款额度、投资收益等方面分析收入结构，并提出相应的改进措施。

四、如何掌握企业融资技巧

企业融资的目的是更好地生存发展、增加股东的财富，企业融资场景主要有以下几方面。

第一，资金短缺时。资金短缺的问题，几乎所有的小公司都会遇到，为了弥补资金上的不足，就需要筹资、融资，才能确保企业生产经营活动的顺利进行。

第二，企业扩张时。企业扩张通常表现为扩大生产经营规模或追加对外投资，扩张需要资金作为支撑。企业的自有资金大多难以满足扩张上的需要，因此需要向外界融资。

第三，债务到期时。企业在自有资金不足时，或是为了获得财务杠杆收益往往利用负债经营的方式，负债都有一定的期限，到期必须偿还。如果企业现有支付能力不足以偿清到期债务，那么企业就必须想方设法通过融资来偿债。

第四，资本结构调整时。当企业的资本结构不甚合理时，也可以通过不同的筹资方式、不同渠道的外部资金来进行调整，使之趋于合理。

融资需求是现实的，同时，小型民营企业融资难、融资贵的问题也由来已久，某种程度上已经成为民营小企业发展的瓶颈。

关于公司的融资方式，有人能罗列出几十种，但真正适合小公司的融资方式，少之又少。

首先，看银行贷款。商业银行对小型民营企业不太友好，它们基本都是按照自己的标准对贷款企业进行资信评价，真正符合银行标准的企业非常少。而且，现行民营企业贷款额度、贷款手续和贷款抵押政策上的诸多不合理因素，都让银行贷款这一看似最常见的融资方式变得门槛越来越高。

其次，直接融资的门槛也很高。所谓直接融资，是以股票、债券、商业票据为主要金融工具的一种融资机制，直接融资对企业的财务状况和资信程度要求也很高，大多数的小型民营企业很难达到，只能望尘莫及。

最后，看风险融资，被风险投资商所青睐，更是小概率事件。风险投资，是在没有任何财产做抵押的情况下，投资人以资金与公司创业者持有的公司股权相交换。在政策制度和操作方面，这是相对较为成熟的一种中小企业融资渠道。但风险投资商对企业的要求极高，他们看中的是那些产品或项目科技含量高、创新的商业模式、具有广阔发展空间和市场前景的中小型高科技企业，如通信、半导体、生物工程等行业的企业，以及其他高成长性、高利润率、高回报率的企业。能够达到风险投资商要求的小公司，凤毛麟角。

某投资机构董事总经理，自称一年中共收到了 3 000 份各类公司递交的融资计划书,和600家公司的负责人见面聊过,最后只投资了3家。

成功拿到风险投资的难度可见一斑。

小公司真正能用的融资方式,最后只剩下内部融资和股东集资(追加投资),以及处于模糊地带的民间融资。

和正规融资相比,民间融资的供给者更了解借款人的信用和收益状况,从而克服了信息不对称带来的道德风险和逆向选择。民间融资更为灵活快捷,手续简便,能够有效缓解企业的资金紧张问题,缺点是利率较高,一旦企业经营出现重大变故而无力偿还,处理起来将会非常棘手,操作不当的话,民间融资很可能演变为非法集资。企业尽量不要去触碰这些雷区,已经有太多的民营企业因为非法集资问题而"暴雷",最后不仅拖累了投资者,也危及自身。

要从根本上摆脱融资难的困境,小公司老板需致力加强对企业的内部改造、提升。

第一,重视财务合规化建设。企业无论大小,都应建立完善的财务管理制度,特别要重视"三品"(企业家的人品、企业的产品、抵押品)、"三表"(资产负债表、利润表、现金流量表)和"三流"(现金流、物资流、人才流)的建设,这九项指标是银行等金融机构关注的重点,要特别重视并予以完善。

第二,推进企业管理的规范化。融资是企业成长的过程,也是企业走向规范化的过程。小公司在融资过程中,应不断促进企业管理、运营走向规范化,通过企业规范化来提升企业融资能力。

第三,提高企业资信。小公司不重视资信建设,会导致贷款难,小型民营企业借贷业务的风险性明显高于大中型企业,因而很多商业银行不愿给予中小民营企业更多的融资支持。

企业资信建设,要具备逆向思维,即按照金融、投资机构的标准去推动资信建设,直至符合对方的融资要求。

第四,完善财务制度,确保信息透明。财务机构不健全、财务管理不完善、随意编制财务报表、透明度低、真实性较差,这些均是中小企业内部存在的问题。由于财产管理意识不足、会计制度不健全,投资人对中小企业的尽职调查难度便会加大,变相增加了企业的融资障碍。

化解障碍的根源在于完善企业财务会计制度,让财务信息透明化。

第五,提升企业竞争力。企业竞争力表现在多个层面,可以是产品竞争力,可以是服务竞争力，可以是管理团队上的竞争力，可以是投资回报率上的竞争力，也可以是成长性上的竞争力，甚至可以是老板本人的竞争力，因为投资有时在一定程度上其实就是投人，当初投资"黄太吉"的盛景嘉成基金创始合伙人彭志强就坦言："投黄太吉，其实就是投郝畅（创始人）这个人。"

提升竞争力，其实就是培育一些相对于竞争对手的"过人之处"，企业如果没有拿得出手的独特优势，如何去吸引到投资人或投资机构掏钱？

五、股权融资：让企业更值钱

股权融资，不是债务融资，而是权益融资，即融资企业以出让一部分企业所有权（股权）为代价，换得投资方投入资金，双方之间形成一种利益的交换。

有很多企业老板不愿意做股权融资，因为不想出让公司所有权，也不愿意引入新的股东来监督、制衡自己，选择固守自己的一亩三分地，心甘情愿做一人老板，个人 100% 持股，公司完全由自己一人说了算。

时代已经变了，商业环境已经发生重大变化，资本倍增的时代已经来临，过去的企业老板靠实体、靠市场赚钱，当下的企业家则更擅长借助资本市场，通过平台，通过资本的力量来赚钱。

在中国富豪榜上，几乎所有的上榜企业家都是通过公司上市、股权溢价、权益置换，而获得了数十倍、上百倍甚至上千倍的财富增值。

在市场经济时代，老板想方设法让企业赚钱是王道，而在资本经济时代，让企业增值、让企业值钱才是王道。

通过股权融资，企业看似出让了部分股权，但同时带给企业的潜在利益也是巨大的。

第一，股权融资来的资金，可以帮助企业实现跨越式发展，借助资本的力量在市场上跑马圈地，一些格局大的风险投资机构在帮助企业扩张中，甚至可以不计代价、不计成本地烧钱，借助前期免费模式帮助企业快速复制、壮大，可以承受一时的巨额亏损，实现相对竞争对手的领先，占领行业制高点。

第二，成功拿到股权融资的企业，也说明了资本市场对企业商业模式的认可，企业发展前景看好。

第三，股权融资带给企业的不仅仅是资金，还有风险投资机构背后的各种资源，比如客户资源、政府资源、人才资源、资本市场资源等，几乎可以涵盖企业发展每个重要阶段的所需资源。

第四，股权融资可以帮助企业提升内部管理水平，优化治理结构，由个人决策升级为群体决策，降低企业的决策风险。

第五，改善企业股东结构，提高运作效率。引入战略性私募投资者，可以帮助中小企业改善股东结构，建立起有利于企业未来上市的治理结构、监管体系和财务制度。

股权融资有其独特的优势，也是一把双刃剑，搞不好也有可能"引狼入室"，打算做股权融资的企业，要把控好以下几个关键问题。

1. 风险投资机构最关心的问题是什么

风险投资机构的钱不是好拿的，如果企业老板不能就以下问题给出满意解答的话，很难让对方掏腰包。风险投资机构最关注的问题有如下几个。

第一，企业靠什么赚钱？（关于企业商业模式）

第二，企业的上下游是谁？（关于企业业务模式）

第三，如果投资企业亏了怎么办？（投资保障机制）

第四，给企业投的钱准备花在什么地方？（资金走向及用途）

以上问题，融资企业要给出妥善而合理的解答。在企业和投资机构就投资事项达成初步共识后，双方会签订一个投资意向书，投资机构还会对投资目标进行详尽而全面的尽职调查。

2. 融资公司的股权架构是否合理

融资公司的股权架构会直接决定风险投资机构的进入与否，对股权架构的考核要素有以下几方面。

（1）股权结构简单明晰。所谓简单，是指目标公司股东不要太多，成长型公司最科学的配置为三人股东制，这样在沟通方面会有缓冲地带。所谓清晰，是指融资公司有着明确的股东数量和股比、代持人和期权池等。

（2）要有一个核心股东。公司要有一个说了算的大股东，要有能够一锤定音的决策者和拍板人。如果股东当中，股份过于平均，谁说话都算数，就等于都不算数。

（3）股东互补。互补不仅有性格上的互补，还有专业背景、社会资源上的互补，以便各司其职，带来公司运营所需的各种资源，促进公司健康成长。

（4）股东之间的信任与合作。股东要各自独当一面，各管各的一摊，互相不干涉，彼此信任，背靠背。可以互相"补台"，而不能彼此"拆台"，能够齐心协力、同舟共济，将事业做大做强。

3. 公司如何估值

股权融资，需要对公司进行估值、作价，以计算投资商的投资价格。公司估值是对公司内在价值的科学评估，公司内在价值取决于其资产状况和盈利能力（包括当下盈利能力和未来预期盈利能力）。

常用的公司估值法有以下几种。

第一，同类公司类比法。寻找一个目标公司，作为参照物，目标公司可以是已经上市的同行公司，通过同行公司的财务数据和股价，来推算出常见的财务比率，比如市盈率（P/E，即"价格/利润"），市盈率估值法，是目前国内投资市场比较常见的估值方式。

市盈率主要有两种计算方式。

（1）历史市盈率（trailing P/E）。历史市盈率计算公式为

$$历史市盈率 = \frac{当前市值}{上一财务年度利润}$$

（2）未来市盈率（forward P/E）。未来市盈率是对市盈率的预测，计算公式为

$$未来市盈率 = \frac{当前市值}{当前财务年度利润（或未来一年利润）}$$

投资人对公司的市盈率估值是这样计算的：

公司价值 = 未来市盈率 × 公司未来年度（12月）利润

第二，市盈率倍数法。在对公司进行估值时，可以将盈利未计利息、税费、折旧及摊销前的利润汇总后，乘以一个倍数，该倍数可以参考行业平均水平。

如果没有参照信息，这个倍数建议设定为 5 倍。

第三，资产估值法。资产估值法是指用市场价值来对公司的实物资产和无形资产（专利、商标、创始人团队和员工价值等）进行估值。

要注意的是，对于公司已经拥有的既有资产，不能按照获得时的价格来计算，而应考量资产当下重置所需要的成本，来计算公司当前的资产净值。

第四，交易对比法。可以选取已经被成功投资，或是并购的同行公司，将其融资和并购中的公司估值作为参照，获取有价值的财务数据和估值信息，来计算目标公司。

比如：A 公司已经成功获得融资 1 000 万美元，公司估值 1 亿美元。B 公司的业务类型和 A 公司类似，但在经营规模和市场占有率上只有 A 公司的一半，那么投资人对 B 公司的估值可能就是 5 000 万美元。

第五，现金流折现估值法。现金流量折现法是指通过预测公司未来盈利能力，据此计算出公司净现值，具体是通过预测公司未来的现金流，将之折现至当前，加总后获得估值参考标准。

4. 把握好股权融资的节奏及底线

企业初创期进行股权融资的估值和股价（投资人进入价格）通常会比较低，随着公司的发展壮大，估值和溢价会越来越高，融资过程中对股权的出让额度也会越来越低，对创始人股权的稀释效应也在递减。

公司创始人要把控好融资过程中的平衡，既要确保公司发展所必需的现金流，也要使公司控制权（不等同于控股权）不丧失。

按照正常的融资路径，一个创业公司一般需要进行五六个轮次的融资。

第一，种子轮。通常是创始人和合伙人出资，注册公司，启动项目，种子投资人多为创始人身边的亲朋好友，因看好人或看好项目而投资。

第二，天使轮。天使投资人介入，融资规模通常不大。

第三，A 轮。如果公司发展不错，会有风险投资跟进。

第四，B 轮。公司在资金助推下，迅速做起来。

第五，C 轮。公司做到行业前三，更多资本进来。

第六，D 轮。公司看到上市希望。

案例 6-2

公司极简融资史

甲乙二人共同出资创立了A公司,两人根据出资比例划定的股权结构为70%∶30%,公司股权架构见表6-2。

表6-2　公司初始股权架构

股东	持股比例/%
甲	70
乙	30

半年过后,某天使投资人看好公司发展,双方经过评估,给出的企业估值是1 000万元,天使提出投资200万元,占股20%,创始人的股权要进行同比例稀释。

股东甲所占的股份为:70%×(1-20%)=56%

股东乙所占的股份为:30%×(1-20%)=24%

天使轮融资后,公司的股权架构见表6-3。

表6-3　公司天使轮融资后的股权架构

股东	持股比例/%
甲	56
乙	24
天使	20

此后公司又进行了A轮、B轮、C轮、D轮融资,公司都会拿出相应的股权给新的投资人,其股权稀释过程见表6-4。

表6-4　公司股权架构变更表　　　　　　　　　　　　　　%

股东	初始股比	天使轮股比	A轮股比	B轮股比	C轮股比	D轮股比
甲	70	56	44.8	38.08	34.27	30.84
乙	30	24	19.2	16.32	14.69	13.22
天使		20	16	13.6	12.24	11.02
A轮投资人			20	17	15.3	13.77
B轮投资人				15	13.5	12.15
C轮投资人					10	9
D轮投资人						10
总计	100	100	100	100	100	100

公司每一阶段融资出让股权比例，都会对后续投资人的进入和股权出让比产生直接影响。通常，在天使轮出让股权比例建议在 10%～20% 之间，越低越好，尽量不要超过 30%，创始人才能占据主动权。

后续融资，每轮股权出让比例一般视投资人的出资额度具体来定，一般处于递减状态（在天使轮投资后天使人得到股份比例基础之上）。

创始人对于公司的发展和融资情况要有总体的前期规划，要充分考虑到伴随股权的不断稀释所产生的公司控制权争夺，并作出相应预案和应对措施。

六、投资机会的财务可行性分析

老板通常有三种收入。

第一，经营性收入。经营性收入是企业依靠提供产品或服务而获得的收入，它建立在企业正常运转（生产、运营、销售）基础之上，是一种重资产模式的收入，需要投入大量的人力、物力。

第二，融资性收入。融资性收入从眼下看是一种零成本的收入。股权融资性收入，企业出让的是股权，债权融资性收入，企业到期还本付息。融资性收入的质量取决于企业经营业绩，通常，企业成长速度、盈利增长速度高于融资前的平均水平，融资性收入的性价比才能显现出来。

第三，投资性收入。企业需要资金，会进行股权融资。同样的道理，当老板手里有了多余的资金，也可以对外进行投资，获得收益。

对外投资，可以是股权投资，这部分收入是资本增值所带来的，是"钱生钱"，即使老板不去负责投资项目的具体运营，这部分收益也会产生，而且有时它带来的收益甚至可能会超过企业本身的经营性收入和融资性收入。比如，段永平专职从事股权投资，仅仅数年间获得的收益就超过了此前他经营实业 10 年所得到的收益。段永平曾以 0.8 美元的单价认购 200 万股网易股票，后以 100 多美元的单价抛出，为最经典的股权投资案例。

对外股权投资，和企业股权融资恰恰是一个问题的两个角度，进行股权投资，老板可以参照前文内容，进行反向思维。

除了股权投资，对外投资也可以是公司对新项目、新机会的投资。如何从财务角度去做投资取舍呢？来看一个案例。

案例 6-3

C 公司是一家生产电子产品的有限责任公司,近期,该公司准备上马一个新项目,经过项目人员的前期调研,大致情况如下。

第一,厂房:公司现有一套闲置厂房,可以使用,但不可出售,目前变现价值为 1 000 万元。

第二,设备投资:需要购置大约价值 2 000 万元的设备,使用寿命为 6 年。设备计提折旧期限为 4 年,年折旧率为 10%。该套设备计划在 2022 年 10 月 1 日购进,安装期限为一年。

第三,厂房装修:相关费用预计为 300 万元,工程款将在一年后工程完工时支付。据估计,三年后厂房需要进行重新装修。

第四,收入和成本估算:新项目预计在 2023 年 10 月 1 日正式投入生产,预计每年创造产值 3 600 万元;每年付现成本大致为 2 000 万元(不含设备折旧、装修费摊销)。

第五,运营资金:初始投资时需要垫付 200 万元。

第六,所得税:所得税税率为 25%。

第七,资本负债情况:预计新项目的资产负债率为 60%,预计新筹资负债的税前资本成本率为 12.29%。

第八,公司新上马的项目,和同行 A 上市公司的经营项目极为相似,该上市公司的 β 值为 2,其资产负债率为 50%。

第九,当前,证券市场的无风险收益率和平均收益率分别为 5%、10%。

针对以上数据,分析结论如下。

(1)投资流量的计算(表 6-5)。

表 6-5 各年投资流量表

年 限	现金流量项目	金额 / 万元
1	设备投资	-2 000
2	装修费用	-300
3	垫付运营资金	-200
4	装修费用	-300

(2)年度折旧计算:2 000×(1-10%)/4=450(万元)

(3)装修费摊销:300/3=100(万元)

(4)现金流计算(表 6-6)。

表 6-6　各年现金流量表　　　　　　　　万元

年度\项目	1	2	3	4	5	6	7	8
投资额	-2 000	-500			-300			
现金流			1 337.5	1 337.5	1 337.5	1 337.5	1 225	1 225
回收净值								250

第 3～6 年的现金流量 =（3 600-2 000-450-100）×（1-25%）+450+100=1 337.5（万元）

第 7～8 年的现金流量 =（3 600-2 000-100）×（1-25%）+100=1 225（万元）

项目终结时回收垫支的营运资金和残值：200+2 000×10%×25%=250（万元）

（5）综合资本成本率计算。

税后负债资本成本率：12.29%×（1-25%）=9.2%

A 上市公司的负债权益比：50%/（1-50%）=1

由此可类比得出：C 公司新项目的权益乘数/其资产乘数=[1+（1-25%）×1]/1=1.75

即资产乘数 =β/1.75=2/1.75=1.14

C 公司新项目负债权益率 =60%/（1-60%）=1.5

同理，C 公司的权益 β 值 = 代替资产乘数 ×[1+（1-25%）×1.5]=2.42

则 C 公司的股票资本成本率 =5%+β×（10%-5%）=17.1%

则综合资本成本率 =9.2%×60%+17.1%×40%=5.52%+6.84%=12.36%≈12%

（6）净现值计算。

净现值 =1 337.5×（P/A, 12%, 4）（P/F, 12%, 1）+1 150×（P/F, 12%, 6）+（1 225+250）×（P/F, 12%, 7）-2 000-500×（P/F, 12%, 1）-300×（P/F, 12%, 4）

=1337.5×3.037×0.892 9+1 150×0.506 6+1 475×0.452 3-2 000-500×0.892 9-300×0.635 5

=3 626.95+582.59+667.14-2 000-446.45-190.65

=2 239.58（万元）

根据这一计算结果，可以看出这家公司的新投资项目前景良好，值得投资。

稳健的对外投资，需从财务角度，用数据去分析其投资风险、回报率和可行性。

第七章

财务系统管控：
用"战略"去规划"财务"

小公司的财务更需要规划，也需要财务战略。企业战略是在资源有限的情况下的一种取舍，小公司的资源更加有限，小公司财务战略更要将取舍做到极致。在企业发展的不同时期、不同阶段，要对财务管控的重点工作作出抉择，逐渐完善财务管控系统，完善基于公司战略和财务战略的公司治理结构。

一、如何设计企业的财务战略

"战略"一词的希腊语是 strategos，意为"将军指挥作战的艺术"，原是一个军事术语。20 世纪 60 年代，战略思想开始运用于商业领域，和达尔文"物竞天择"的生物进化思想共同成为战略管理学科的两大思想源流。

什么是企业战略？

迈克尔·波特对战略的定义是——以竞争定位为核心，对经营活动进行取舍，建立符合本企业的独特的适配。如果某企业选择了一种战略，即在不同的竞争方式中作出了选择。从这一意义上讲，战略选择表明了企业清楚——

第一，打算做什么。

第二，打算不做什么。

第三，如何找到自己的细分市场，形成竞争优势，分食到属于自己的蛋糕。

第四，如何在既定细分市场和方向上，优化配置现有资源，以高效运转。

企业进行战略取舍的目的在于寻求新的增长点，韦尔奇在《商业的本质》中说过一句话：增长是王道。企业在增长过程中会遭遇各种"天花板"，必须不断寻找新的机会点和增长点，实现战略转型。

任正非在《华为的机会与挑战》中写道："战略，战略，只有略了，才会有战略集中度，才会有竞争力。我们可选择的机会确实很多，但只有有所不为，才能有所为，我们所为的标准只有一条，就是不断地提升公司的核心竞争力。"

华为将战略聚焦到了通信领域这一主航道，通信行业尽管比较窄，业内也都是世界级的竞争对手，但好在市场规模足够大。华为就在该领域实现战略聚焦，数十年如一日地集中资源进攻，培养战略耐性。

企业战略是一种取舍，企业的财务战略尤其是中小企业的财务战略也是在资源有限的情况下的一种取舍，或可以理解为对企业财务重点工作的抉择。

财务战略，是为谋求企业资金均衡有效的流动和实现企业整体战略，增强企业财务竞争优势，在分析企业内外环境因素对资金流动影响的基础上，对企业资金流动进行全局性、长期性与创造性的谋划，并确保其执行的一个过程。

现代企业财务管理面临的是多元、动态、复杂的内外部环境，企业财务管理还吸收了战略管理的原理与方法，重视财务的长远问题和战略问题。在小公司资源相对缺乏的情况下，制定合适的财务管理战略，以合理配置有限的资源显得尤为重要。

财务战略的选择决定小公司财务资源配置的取向和模式，影响着企业理财活动的行为和效率。

1. 在经济发展的不同周期，采取不同的财务战略定位

企业财务战略要充分考虑并顺应经济周期，做出取舍。

第一，经济复苏期——扩张型财务战略。当社会经济处于复苏阶段时，建议企业选择扩张型财务战略，它以实现公司资产规模的扩张为目的，紧紧抓住经济复苏的机会，扩大对内对外投资规模，企业现金流出量不断增多，资产报酬率下降，企业负债增加。新的产品扩张，可能会给公司未来带来新的利润增长点和现金净流量，但如果决策失误，也可能导致公司财务状况恶化，甚至带来更严重的后果。

第二，繁荣的后期——稳健型财务战略。当社会经济处于繁荣发展阶段的后期时，企业应选择稳健型财务战略，它是以实现公司财务业绩稳定增长和资产规模平稳扩张为目的的一种财务战略，以充分利用现有资源，对外集中输出企业的竞争优势，兼有战略防御和战略进攻的双重特点，常是一种过渡性战略。

第三，经济低谷期——防御型财务战略。在社会经济运行低谷期，企业所采取的财务战略，要考虑到企业的实际情况，如果企业受经济低谷带来的冲击和影响较大，则应执行防御型财务战略，它以预防出现财务危机和求得生存及新的发展空间为目的。企业坚持保守的财务政策，可以使财务风险降到最低水平。经营中，应做好项目可行性分析，实事求是，严格把关。不因追

求短期的经济利益而牺牲长期利益，尤其要做好现金流的管理，储备足够的现金。

2. 根据企业发展阶段，选择财务战略

按照企业发展的规律，企业产品生命周期通常有初创期、成长期、稳定期和衰退期四个阶段。财务战略的取舍，也应充分结合企业产品生命周期进行。

第一，在初创期，企业财务主要表现为资金短缺、市场空间小、产品缺乏竞争力，重点应放在如何筹措资金和增加收入上。

第二，在成长期和稳定期，企业资金较为充裕，企业规模得到壮大，竞争力得到增强，应考虑通过追加投资、扩大生产规模来进一步提高收入和市场占有率。可以适当采取并购的方式，实现快速扩张的扩张型财务战略，待企业进入稳定期，再过渡到稳健型财务战略。

第三，在衰退期，企业市场萎缩，销售收入、利润率大幅下滑，流动性不足，应考虑通过重组、改制或寻找新的市场机会来实现企业的蜕变和重生，适合采取防御型财务战略。

3. 财务战略如何对收入、利润和现金流进行取舍

企业财务战略无论怎样定位，最终都要落实到三个核心财务指标上，它们是：收入、利润和现金流。

实际经营中，收入、利润和现金流往往是矛盾的，企业很难做到鱼和熊掌兼得，而只能作出不同的选择。

第一，用现金流换收入。 企业如果在某个阶段只求扩张，只要收入的增长，甚至可以牺牲现金流，就可以借助赊销、分期付款、零首付等销售政策来打动客户，提高销售收入。例如，中联重科为了抢占市场份额，曾推出零首付购买工程机械设备的销售政策，就是典型的"以现金流换收入"的扩张型财务战略。

第二，用利润换收入。 企业以让利销售的方式，通过压缩利润空间，来换取销售收入的增长。比如，小米手机早期的低价策略，不过小米采取的是先款后货，即消费者首先在线支付货款，小米不仅将收入时间前置，还得到了宝贵

的现金流。只要销量达到一定的量级,小米就会达到盈亏平衡,开始盈利,而且较大的生产规模也让小米在供应商面前拥有强大的议价能力,采购成本降低,变相增加了企业利润。

第三,用收入换现金流和利润。企业短期内不考虑扩张,只追求利润和稳定的现金流,是一种较为稳健的财务战略,但同时也容易丧失扩张的机会。

二、完善公司治理结构

公司治理,是研究公司权力安排的一门科学,是站在公司所有者层面,研究如何对职业经理人授权并对其行为进行监督的学问。

公司治理结构是由所有者、董事会、经理人(即总经理和高管团队)三者构成的一种组织机构,它规定了股东、董事会、经理人和其他利益相关者之间的权利和义务分配。这种三角形结构中上述三者之间形成一个相对稳固的制衡关系。

借助公司治理结构,公司所有者委托董事会管理自己的资产,董事会有权决定经理人的聘用、奖惩和解雇,总经理在董事会授权范围内组建执行团队,属受雇于董事会的执行机构。

顺畅的公司治理结构是财务管控体系形成和设立的基础,是影响企业财务管理效率的关键。

财务管理作为一种管理体制,在很多方面要根据公司治理的规则和程序来制定相应的管理制度,根据企业法人治理的责权划分来决定财权划分,根据公司治理的股权关系来设置、配套相关的财务机构,根据公司治理的目标来确定财务管理的目标,根据企业法人治理的监控体制及内部控制定位来设置自己的财务监督体制。

完善公司治理结构,需明确分配股东、董事会和经理人之间的权利、义务、责任和利益关系,使三者形成制衡关系,推动企业健康发展。

1. 股东、董事会、经理人之间如何有效制衡

著名经济学家吴敬琏认为，公司治理结构是指由所有者（股东）、董事会和高级执行人员（经理人）三者组成的一种组织结构。完善公司治理结构，就要明确划分股东、董事会、经理人员各自的权利、责任和利益，从而形成三者之间的关系。

以上三角关系是基于两个法律关系：股东大会与董事会之间的信任托管关系，董事会与经理人之间的委托代理关系。

委托人和受托人之间的利益诉求有着明显差异，其中，股东、董事会（股东代表）的核心诉求基本是一致的，都是站在所有者角度考量问题，他们追求的是公司资本的增值和利润的增加，而经理人更关注的则是个人利益——个人社会地位、声望、收入的增加。经理人的利益诉求，对股东和董事会而言是一种成本支出，这是一种根本上的矛盾，如何化解？除了常规的制度安排和监督考核机制，最有效的措施莫过于对经理人进行股权激励，通过股权分配机制的调整，使之和股东、董事会之间真正形成利益共同体。

2. 如何协调董事长与总经理的关系

现代治理结构的公司，一般都会设置董事长和总经理，从职责定位上看，董事长的职责是负责董事会的召集、运作和协调，对董事会的决议执行情况负有检查监督的义务，要负责召集董事会，进行重大事项的筹划、分析和论证；而总经理则要对董事会负责，用来执行董事会的决议，向董事会汇报日常经营情况，并接受董事会监督。

《中华人民共和国公司法》有规定，公司法定代表人可由董事长担任，但对于法定代表人的详细职权没有明确规定。另外，相关法律同时又规定公司法定代表人应当承担企业债务、纠纷、产品质量等方面的责任。这种模糊的规定，往往导致担任公司法定代表人的董事长过多干预公司具体事务，给总经理的工作带来困扰，甚至造成矛盾冲突。

对于这种可能发生的隐患，应在公司章程中做出补充说明，理顺二者关系，避免出现相互掣肘乃至内讧的现象。

3. 如何界定公司重大事项

如何界定企业重大事项，是一个非常现实的问题，涉及股东大会、董事会及经理人的权限和职能界定。在实践中，通常将以下方面的事务视为公司重大事项。

第一，公司战略规划。

第二，公司重大投资项目。

第三，公司年度预算。

第四，公司大额资金的投入。

第五，公司对外担保和大额贷款。

第六，公司所有变革和重组改制。

第七，公司关键机构调整和重大人事任免。

第八，公司利益分配。

4. 股权结构对公司治理结构的影响

不同的股权结构，对公司治理结构有着直接的影响（表 7-1）。

表 7-1 公司股权结构对治理结构的影响

股权 治理机制	股权高度集中，有股东绝对控股	股权高度分散，没有大股东	股权相对集中，有相对控股股东
激励机制	优	差	良
外部接管市场	差	优	良
代理权争夺	差	差	优
监督机制	良	差	优

经对比可以发现，当公司股权相对集中且有相对控股股东或是其他大股东时，对公司治理结构作用的积极发挥比较有利，即公司要有能够最终一锤定音、具有决策权的大股东、控股股东。

5. 如何保护利益相关者的权益

企业的成功不单单是建立在股东意志上，也不只是建立在经理人的努力之上，而是由企业财产所有者、人力资本所有者以及其他内外部利益相关者共同决定。因此，有必要在公司治理结构和治理机制乃至股权机制上作出适当调整，以维护相关利益者的权益，实现利益均沾。有了共同的利益，才有共同奋斗的基础。

三、打造内部财务控制系统

内控缺失，是小企业财务管理的通病。

小公司基本都是民营企业，多由一人或少数人控制，公司的经营权和决策权高度集中，主观随意性比较大，加之决策者对财务管控缺乏应有的认识和重视，致使财务管理职责不分、越权现象丛生，导致企业财务监管乏力、财务管理混乱、会计信息失真等。我们观察到的多数小公司都缺乏完善的内部财务控制制度、稽核制度、定额管理制度、财务清查制度、成本核算制度、财务收支审批制度等基本的财务管理制度。

出于财务安全的考量，建立完善的财务内控制度迫在眉睫。一旦内控缺失，企业的财税风险将会倍增，即使小公司也不例外。

企业建立和完善财务管控体系：一方面要以《中华人民共和国会计法》《中华人民共和国公司法》《会计基础工作规范》等法律法规作为准绳；另一方面也要结合企业的具体情况，强化内部管控，建立切实可行的管控机制和管控系统，防范经营风险，保护公司财产，向财务要效益。

全面的财务控制系统包含以下子系统。

1. 顶层管控系统

顶层管控，表现在两个层面。

第一，确定企业组织架构。企业组织架构的设置将决定财务管理架构的设置，企业组织架构用来规范：一是企业内部人事组织制度及由此产生的经济利益、监督权力的分配；二是经营管理运行机制的设计、构建与调整，以及由此产生的激励约束问题。

财务管控体系要在组织架构设置后确立的各机构责、权、利基础上形成，其着眼点在于企业岗位的财务决策权、财务收支决定权、财务监督权和财务人员尤其是高层财务管理人员的配置问题。

第二，确定公司形式。财务的顶层设计就是围绕企业的战略和规划目标，对业务各个板块进行全局化的布局，如是否设立子公司、采用分公司还是子公司的形式、设立控股公司还是合营及联营公司等。

2. 财务预算系统

通过实施全面预算管理，来明确并量化公司的经营目标、规范企业的管理控制、落实各责任中心的责任、明确各级责权、明确考核依据，重点关注现金流和财务信息两个核心要素，对于实际情况和预算的差异，要分析原因并及时改进。

第一，设置全面预算管理的组织机构。预算管理的组织机构是全面预算管理的基础和保证。组织机构的设置包括各预算机构的设置、各机构的职能、责任单位的划分、企业相关部门的职责。

第二，设计全面预算管理的程序和流程。预算管理的主要流程包括：明确责任中心的权责；界定预算目标；编制预算、汇总、复核与审批；预算执行与管理；业绩报告及差异分析；预算指标考核。

第三，全面预算管理的实施。依据预算管理的原则、方法、流程和程序编制企业的预算，实施预算管理并依据预算对责任单位和个人进行考核。通过实施全面预算管理，落实企业各级管理人员的责任和目标，简化各项支出的审批程序，提高决策的效率，使企业具备更强的市场适应能力。

3. 财务核算系统

通过建立适合公司的财务核算系统，围绕现金流和财务信息两个核心要素，对于公司日常的经营活动进行及时、完整的财务核算。核算体系的工作改善方向主要有以下几方面。

第一,实现企业经济业务数据的共享,减少数据的手工重复处理,打破"信息孤岛"。

第二,建立高效率的集中式管控体系,加强对事业部的监管,避免出现权力真空。

第三,财务与业务处理的高度协同,实现企业物流与价值流的同步。

第四,强化财务的管理能力,解放单一的核算工作,增强财务决策能力。

4. 财务报表体系

财务报表不仅是企业运营状况和财务状况的真实反映,也能为企业管理提供决策支持,财务报表体系建设的侧重点在于以下几方面。

第一,基于企业的管理会计,以毛利贡献式利润表为核心的管理报表体系。

第二,围绕利润表逐渐向外延展,建立包括各项变动成本、变动费用、销售费用管理与分析,贡献毛利分析,生产管理与分析,库存管理分析等内容相互关联、浑然一体的管理报表体系。

第三,建立起以满足管理需求为口径的、分级次、分类别、融入非财务信息的整个报表体系。

第四,管理层能够及时获取经过加工、分析、整理、有价值的管理信息,有效支持管理决策。

第五,报表报送具有规律性、及时性、全面性和针对性。

第六,让各级管理层重点了解和自己相关的信息,过滤掉不相关的信息,避免混乱、节省时间、提高管理效率。

5. 财务分析体系

财务分析体系主要包括偿债能力分析、盈利能力分析、资产管理水平分析和发展能力分析等,每个方面都有不同的衡量指标,对老板和管理层最关注的核心指标进行全面分析和对比。

四、业财一体化，充分实现业财融合

花名"逍遥子"的张勇曾经担任盛大网络和淘宝网 CFO。马云在公开信中调侃了一下："说来惭愧，我以前经常说，天不怕地不怕，就怕 CFO 做 CEO，而'逍遥子'是 CFO 出身。"

后来，马云宣布由张勇接任他担任阿里巴巴董事局主席时，在公开信中这么评价张勇："担任 CEO 的 3 年多中，张勇以卓越的商业才华、坚定沉着的领导力、超级计算机一般的逻辑和思考能力，带领阿里取得长远发展，连续 13 个季度实现阿里业绩健康增长，证明自己是中国最出色的 CEO。"

可见，不是 CFO 不能担任 CEO，而是那种只有财务思维没有业务思维的人不能担任 CEO。张勇显然是既有财务思维又有业务思维的 CEO，具备这两种思维的领导者，才能推动企业的业财融合，实现业财一体化。

业财一体化，即财务业务一体化，而是将企业经营中的三大主要流程，即业务流程、财务会计流程、管理流程有机融合，使财务数据和业务融为一体。以业务数据为前提，以项目数据为核心。一位业界专家曾这样描述业财一体化："业财一体化是指企业在做任何业务决策的时候，瞬间就知道财务结果。业务和财务本身就是一体的，从来没有分开过。业务的核心是交付，财务的核心是记账。业务是'搬货'，财务是'搬账'。"

在很多公司中，财务部门和业务部门的关系相处得都不太好，有些甚至关系紧张。财务部门习惯按照会计准则和财务运行规范办事，会受到业务部门的抵触，业务部门会以种种借口不配合财务部门的工作。业务部门经常指责财务部门未能充分发挥其后勤保障部门的作用，不仅未能给业务部门以正常的支持，反而善于给他们找麻烦、添乱。

企业的财务部门和业务部门是缺一不可、相辅相成的，企业业务的开展离不开财务的支持，财务部门本身就是要为业务提供服务和保障，财务部门实现企业价值最大化的管理目标最终也需借助业务部门去实现。

财务部门和业务部门都有各自的运行规范与操作标准，侧重的任务和职责也各不相同，但两者都是以企业绩效为重心开展工作的，且财务与业务的最终目标是一致的，即提高企业经济效益，实现企业生存、发展、获利，实现企业价值的最大化，促进企业稳健可持续发展。只有企业发展了，企业组织内部各部门才能共同收获发展的红利，同步成长。

从整个公司层面来看，不仅需要一个和谐的业务、财务关系，而且要实现业务和财务的充分融合、紧密配合，打通财务部门和业务部门的通道，实现业财一体化，提高运行效率。

1. 加强业务财务部门的沟通

财务和业务之间的配合不通畅或矛盾，大多是由于沟通不畅引起的。

财务部门与业务部门人员的工作职责、工作流程以及工作标准都不一致，二者侧重的专业能力也不同，专业语言更是相距千里，双方沟通时容易产生理解上的偏差，出现误会和矛盾。财务部门对企业业务认识不足，实施的财务管理、提供的财务信息不能契合业务部门的需要，也无法有效利用财务管理促进业务效率与质量的提升。同时，业务部门也无法按照财务部门的要求提供符合会计准则的专业性反馈，导致沟通上的障碍越来越多。

对于财务而言，永远是"三分业务、七分沟通"，要学会运用通俗易懂的会计语言或者业务语言去和业务部门沟通，用对方能够理解的语言和方式来呈现信息，多一些设身处地的换位思考，才能增进双方的信任与互通。

2. 统一工作标准

传统企业财务和业务不够融合，除了沟通障碍，还有很大一部分因素来自双方工作标准上的巨大差异。

企业财务工作，是根据相关的法律、制度、规范开展的，如税法、会计法以及会计制度等，财务部门开展工作需要严格遵守相关规章制度，具有较强的规范性、严肃性与强制性。而企业业务部门则恰恰相反，市场是瞬息万变的，市场竞争是激烈的，业务活动的开展也需要随机应变，具有较强的灵活性，才能把握先机，捕捉住市场上的机会。

双方的这种工作性质和标准上的差异，导致当其工作产生交集时，就会发生较多的矛盾与问题。

针对这一问题，如果双方都能够作出相应变通，将工作标准和配合规范互相向对方靠拢，尽可能统一标准，将能大大提升配合的默契度。

3."业财"协同作战

企业业务活动的展开离不开财务的支持，而开展顺利的业务活动也能为企业扩大市场，降低经营成本，增加财务收入。财务部门在制订财务计划及财务预算时，要及时和业务部门进行充分沟通，了解业务活动的开展对于财务的需求，以业务活动的实际需求来制订合理的财务支持方案。比如，部分业务部门的预算可交由业务部门制定，再由财务部门进行辅助指导与把关复核。

财务部门还要加强对企业日常经营数据的分析，发现各种趋势和隐藏的情况，对业务状况进行合理的把握，为业务活动的调整改进提供可靠的依据，及时将同业务开展相关的财务分析数据告知业务部门，如某一个时期内的成本变动、预算超支情况等，使其能够进行针对性的调整与改善。通过对财务数据的深入分析，明确业务部门需要改进和控制的地方，以加强双方的协同作战，共同为企业"多打粮食"。

从财务的视角看，衡量其是否具备业务型财务思维，要看其能否明确回答以下问题。

第一，公司的产品定位是什么？具体的业务模式、盈利模式是什么？

第二，公司的客户群是谁？对公司的前10名大客户是否做到了有效的管理？

第三，对公司前10大供应商是否熟悉并保持沟通？

第四，是否了解公司产品的生产工艺、工序流程以及产品配方？

第五，公司的销售绩效方案设计、公司架构、股权设计、组织制度建设以及人员结构、薪酬设计等，财务部是否清楚？

第六，是否了解公司的企业文化、专利技术、商标等无形资产？

第七，是否清楚公司未来的发展目标、战略规划以及下一步的经营走势？

第八，公司的经营薄弱点或者短板在哪里？公司在同行业中有哪些竞争优势？

第九，是否参与了公司外部关系协调处理及跟踪？对于外部风险是否能做到及时预知并进行有效防范控制？

第十，是否能将公司的财务、业务、法务、税务融为一体？

4. 财务要发挥管理会计职能

财务部发挥着两个职能——财务会计和管理会计。财务会计的职能主要包括对企业负债、资产、所有者权益、费用、收入以及利润进行核算，通过对资金的确认、记录、计量及汇报，来反映企业的资金运动；管理会计的职能主要包括规划决策、业绩评价和控制，对资金进行分析、评价、控制、预测和决策，用来管理各项企业经济活动。

管理会计区别于传统财务会计的是，管理会计是在财务会计资料及其他相关资料的基础上，采用会计、统计和数学的方法对企业的各项管理活动进行预测、决策、规划、控制，并对其实际执行结果进行评价与考核，其目的是最大限度地调动各方面积极因素，从而取得最佳的经济效益。

管理会计和财务会计的区别，类似大财务和小财务。从业财融合的角度看，财务部要充分发挥管理会计职能，引领业务发展，为企业创造更大的价值。

财务部不仅要发挥好监督和核算两大基础职能，同时要做好控制、计划与预测、财务分析、财务内部管理以及筹划与运作等工作。

第一，从财务内控的角度，解决企业管理的问题，加强对资金、资产、客户的管理，以及强化供应商管理、合同管理，控制好财务风险。

第二，做好计划与预测，使企业的各项工作有计划地开展，作出科学的预测。

第三，分析功能，建立各种模型为企业的发展提供各类数据支持。能够在公司纷繁复杂的数据中，建立财务分析的数据模型，用来指导业务部门的销售工作，供其分析从哪一方面改进管理工作。

第四，筹划与运作，做好资金筹划和税务筹划等。

以上职能如果得到充分体现，相信财务的价值在企业会有很大的提升，其对业务的引领效应也会逐渐凸显出来。

【工具】财务控制管理流程

财务控制管理流程表如下表所示。

财务控制管理流程

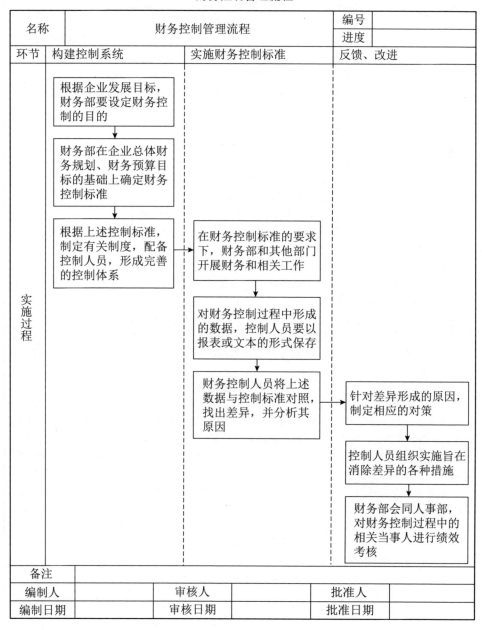

附：企业财务控制管理细则

企业财务控制管理细则如下表所示。

企业财务控制管理细则

名称	企业财务控制管理细则	编号	
\multicolumn{4}{c}{第 1 章　总则}			

第 1 条　为了规范企业财务行为，加强对财务管理的内部控制，提高企业经济效益，特制定本细则。

第 2 条　企业财务控制工作由财务部负责，其基本任务和方法是：

1. 做好各项财务收支的计划控制、核算、分析和考核工作，依法合理筹集资金。
2. 参与经营投资决算。
3. 有效利用企业各项资产。
4. 努力提高经济效益。

第 3 条　建立和健全企业内部财务控制制度，所谓内部财务控制制度，是指在企业内部所采取的一系列组织规则、业务处理程序以及其他调节方法和措施的总称。它通常分为内部会计控制制度和内部管理控制制度两类。

第 4 条　建立企业财务内部控制制度，应遵循的基本原则有：

1. 权力分离。每一项经济业务的处理程序，要由不同的部门和个人操办，防止出现作弊行为。
2. 合理分管。就是要实行账物分管、钱账分管、印鉴分管、钥匙分管等。
3. 审批稽核。企业任何经济业务的处理都要经过明确的授权与审批，这些授权和审批也要经过财务部门的稽核。
4. 明确责任。各相关部门和人员职责分明，以使任何情况都能联系到个人责任。
5. 凭证控制。建立和健全凭证制度及严格的传递程序，是做好财务控制工作的关键。
6. 例行核对。对每一项经济业务和会计记录，都要进行核对，以保证账证、账账、账表、账物、账款核对一致。

第 2 章　资金筹集

第 5 条　企业筹集的资本金一般包括国家投入的国家资本金和个人投入的法人资本金。

第 6 条　在企业生产经营期间，投资者不得无故抽走资本金。企业如需增资，应先经企业董事会研究决定，再依照法定程序报经市场监督管理部门办理注册资本变更登记手续。

第 7 条　本企业的所有者权益除实收资本外，还包括资本公积、盈余公积和未分配利润。其中资本公积和盈余公积经企业董事会研究决定，可以按照规定程序转增资本金。

第 8 条　企业通过负债方式筹集的资金，包括流动负债和长期负债。其中流动负债，包括短期借款、应付及预收账款、应付票据、其他应付款等；长期负债，包括长期借款、应付债券、长期应付款等，均由总经理授权，由财务部门负责筹措和偿还。

第 9 条　企业在筹集短期借款、长期借款等负债时，应考虑它对企业生产经营、投资项目及财务风险的影响情况。

第 3 章　财务收支控制

第 10 条　企业各部门应在财务部的指导下，编制好各自的月份与年度现金收支预算，并在规定的时间内报送财务部；企业分（子）公司要在财务部门的指导下，编制好月份与年度资金上交与下拨及企业往来的财务收支预算，并在规定时间内报送财务部。

续表

名称	企业财务控制管理细则	编号	

第11条 财务部门和（子）公司财务收支预算汇总，再加上企业现金和转账部分，即为全企业的财务收支预算，经总经理批准后予以实施。

第12条 对于预算外的财务收支，需单列项目报告经总经理批准后方可办理。

第13条 各部门零用现金定额规定如下：

1. 生产部____元。
2. 销售部____元。
3. 财务部____元。
4. 行政部____元。
5. 办公室____元。
6. 人力资源部____元。
7. 市场部____元。

第14条 对零用现金，实行限额开支审核报销办法，具体办法如下：

1. 对于单项支出在1 000元以下的，支出部门应先使用备用现金进行开支，然后汇总填制"备用金支付单"，将正规的发票单据附在后面，经本部门主管签批后，到财务部门办理审核报销手续，由会计填制"付款凭证"，据此到出纳处领取现金，以补充部门备用金。

2. 对于单项支出在1 000元以上的，不能使用备用金支付。应由支出部门填制"请款单"，经主管签批后，前往财务部门办理预支款手续，由会计填制"付款凭证"（或以"请款单"第二联代"付款凭证"），据此到出纳处领取支票或现金。

3. 相关部门在购置物品或开展对外支付业务后，应及时将取得的合法的发票单据（在发票背面须注明用途，有经办人、验收人、主管签字）附在原"请款单"存根联后面，前往财务部门办理单项报销审核手续。如预支款项与实际支付不一致，应在报销时办理多退款（或少补款）手续。

4. 对于单笔在1 000元以下的零用金支出，所取得的发票单据要在月末之前及时报销，不得跨月进行。

5. 对于单笔在1 000元以上的支出，所取得的发票单据要及时报销，不得挂账。

第15条 支出审批权限：

1. 2 000元以上的支出，可由各部门负责人审核后报总经理审核批准。
2. 2 000元以下的办公支出，可由财务部门审核批准。
3. 专项支出，在规定的金额内，由总经理或分管副总经理审核批准。
4. 对于需要代收代付的款项，应由财务部审核批准，但必须坚持先收后付，遵循不改变原款形式用途的原则。

第4章 货币资金控制

第16条 财务部应设专职出纳员（不得由会计兼任），负责办理货币资金（现金、银行存款）的收付业务。出纳除登记现金、银行存款日记账外，也不得兼任其他业务性工作，不得保管凭证和其他账簿。

第17条 财务部要加强对现金的稽核管理，所有现金（包括银行存款）和业务收入，都应凭收入凭证和收入日报表，经过内部稽核和兑换外币。

续表

名称	企业财务控制管理细则	编号	

第18条　要严格按照国家对于现金管理规定的要求，控制好现金的使用范围。通常，库存现金只能用于工资性支出、个人福利劳保支出、农副产品收购、差旅费、零星开支、备用金及银行结算金额起点以下的小额支出。其他需要动用库存现金的特殊情况，应经总经理和财务部门批准。

第19条　严格控制付款审批和支票签发手续，具体要求有：
1. 所有付款均应由两名以上相关人员办理。
2. 付款支票要经过两人或两人以上的签章才有效。
3. 财务和支票专用图章，应由不同的人掌管。
4. 不准开出"空头支票"和"空白支票"，对于开出的支票要严格按照规定进行登记。

第20条　对于收付款项，要通过会计填制记账凭证。所有现金和银行存款的收支，须先由经办会计在审核原始凭证无误并填制收付凭证后，再由出纳检查所属原始凭证是否完整，才可办理收付款，并在收付凭证及所附原始凭证上加盖"收讫"或"付讫"戳记。

第21条　财务部应按足够满足日常3～5天开支的现金需要量，来核定现金库存限额，不得超过，不得以白条抵库存。

第22条　和其他企业、单位之间的经济往来，一般应通过银行进行转账结算。并不得出借银行账户和套取现金。

第23条　及时登记现金、银行存款日记账，现金日记账应按币种设置，银行存款日记账要按账号分别设置，每日要结出余额。库存现金的账面余额每日要由出纳同实际库存现金进行核对，确保二者相符。银行存款账面余额每月要由会计与银行对账单进行核对。

第5章　对外投资控制

第24条　企业长期投资项目应做好市场预测和可行性研究，充分考虑资金的时间价值和投资风险，经董事会研究后来决定是否可行。项目经批准后，要由总经理授权负责长期投资项目的部门和主要负责人。企业对外合资合作参股项目，应严格按照国家有关规定办理海关、市场监管、税务等手续。在上述过程中，企业财务部门要为决策层提出参考意见，履行严格的财务手续，督促、检查项目的实施情况。

第25条　健全企业的股票、债券和投资凭证登记保管和记名登记制度，主管长期投资的业务部门要由两名以上的工作人员共同管理，对股票、债券和投资凭证的名称、数量、价值及存放日期做好详细记录，分别建立登记簿。除无记名证券外，企业购入的证券应尽快登记于企业名下，不可登记于经办人员名下。

第26条　相关人员要对长期投资业务做好详细记录，建立定期盘点制度，具体操作办法如下：
1. 对所属企业，每半年要清点一次资产负债和检查经营情况。
2. 对非控股企业，每年应进行一次投资和收益核查工作。
3. 对股票和债券投资，财务部门要做好会计记录，并对每一种股票和债券分别设立明细账，详细记录其名称、面值、证券编号、数量、取得日期、经纪人（证券商名称）、购入成本、收取的股息和利息等。
4. 对其他投资，也应设置明细账，核算投资及其投资收回等情况。每年至少要组织一次清查盘点，保证账实相符。

续表

名称	企业财务控制管理细则	编号	

第27条　当长期投资出现亏损或总经理认为有必要时，企业应根据具体情况授权财务部门或委托外部的会计师事务所，对亏损单位或项目进行审计，确认是否存在亏损或其他情况，并作出相应的处理决定。

第28条　下属企业撤销、合并、出让时，应根据《中华人民共和国公司法》的有关要求，认真做好债权债务的清理工作。

第29条　企业的短期投资业务，要由总经理授权的主管业务部门和部门主管办理该项业务。一般处理流程为：经办提出—主管审核—总经理批准—实际投资—验收登记—到期收回。

第30条　企业有价证券的会计记录、登记保管、定期盘点等实施办法，具体可参照长期投资办法进行。

第31条　企业的短期投资如果出现亏损情况，企业应授权财务部门对投资项目和经办部门的运营情况进行审计，并报总经理批准后列入亏损。如果亏损严重，企业可委托外部的会计师事务所对该投资项目进行专业审计。

第32条　大额存款业务，应由总经理授权财务部门负责办理。一般处理流程为：按信用调查—利息比较—主管审查—总经理批准—对外存款—到期收回。

第33条　商定大额存款利息时，企业要有两名工作人员在场，要对还款收回、利息收入等事项做好详细记录，并做到及时入账。

第6章　销售与收款控制

第34条　企业销售业务通常应由销售部或营业部负责，其他部门及人员未经授权不得兼理。企业销售业务的操作流程为：接受订单—通知生产—销货通知—赊销审查—发（送）货—开票—收票结算。

第35条　销售或营业部门根据企业生产经营目标和市场预测，编制销售或营业收入计划，承接客户订单，通知生产部门组织生产、加工，确保按时交货。

第36条　财务部应设专人负责登记保管销售发票，负责给销售或营业部门开票、发出销货通知，以便做到及时给仓库发货或运输部门发运。

第37条　对于销售收入，应全部通过财务部门审核、结算收款，在销售发票上要加盖财务收款专用章。对于赊销业务，要经过信用审查，财务部门要对销货发票与销货单、订货单、运（送）货单进行核对。

第38条　由销售或营业部门制定价格目录或定价办法及退货、折扣、折让等问题的处理规定，财务部门负责对其进行审核监督。

第39条　销售过程中发生的退货、调换、修理修配等三包事项，应先由销售或营业部门按规定办法办完业务手续后，凭证前往财务部门办理结算或转账手续。

第7章　采购与付款控制

第40条　企业的采购业务应统一由采购部门负责办理，其他部门及人员未经授权不得兼理。购货和付款业务操作流程为：请购—订货—到货—验收—付款。

第41条　采购部门应根据企业生产经营需要和库存情况编制采购供应计划，对计划采购的货物要签订正式的合同或订货单。合同订要做到条款清楚、责任明确、内容全面，按合同承付货款要做到有据可依，拒付要做到有理可依。

第42条　对于企业临时采购，应由使用部门根据需求提出"请购单"报经采购部门审批后办理，对于较大数额的采购项目应报总经理批准。

续表

名称	企业财务控制管理细则	编号	

第43条 所有采购业务都要做到：信息准、质量优、价格低、数量清、供货及时、运输方便、就地就近。

第44条 采购的货物，要由仓库和质量检验部门进行数量和质量验收，验收完毕后，要由仓库保管员、质量检查员及有关负责人在验收单上签章。

第45条 采购付款手续，不论是计划合同订货还是临时采购，都应由采购部门办理，并按规定到财务部门办理请付款手续。

第46条 到货验收付款后，由采购部门请款经办人将审核无误的订货单、验收单、发票账单附在请款单第一联后，经采购业务主管审批后，前往财务部门办理审核报销转账手续。

第47条 财务部门要将从仓库签收的一份验收单与采购部门报销转来的发票账单所附的一份验收单进行核对，以掌握采购业务的请款、报销及在途物资的情况。

第8章 生产与费用控制

第48条 对于生产过程中的原材料消耗及成本费用的发生和控制，应由生产部门和财务部门及所有相关部门共同建立成本责任制。财务部门建立成本控制和成本核算制度，对于成本费用的开支范围和开支标准要严格规定，以节约消耗、减少费用、降低成本。

第49条 建立严格的领退料制度，具体要做到按技术消耗定额发料，按实际计算材料成本。

第50条 加强人员和工资的管理，严格考勤，做好工资的计算、核实与发放工作。正确处理工资及福利费用的核算与分配。

第51条 对发生的生产制造费用，要做好核算与分配。注意物料消耗、折旧费的计算、费用项目的设置等是否合法合理。

第52条 对于生产成本、运输成本、营业成本的计算，要做到真实合理，不得乱挤乱摊成本。要划清产品与完工产品、本期成本与下期成本及各种产品成本之间的界限。

第53条 期间费用（管理费用、财务费用、销售费用）项目要做到合法合理，支出要符合开支范围的开支标准，凭证手续要正规。

第9章 存货与仓库管理控制

第54条 加强对存货和仓库的管理，建立仓库经济核算制度，做好相关基础工作，做到账、卡、物、资金四一致。

第55条 当企业存货量较大时，可实行"永续盘存制"。建立收发存和领退的计量、计价、检验及定期盘存（每半年一次）与账面结存核对的实施办法。

第56条 不便对存货实行永续盘存制的企业，可实行实地盘存制，也就是期末存货没有明细账面余额的形式。通过实地盘存来确定期末存货，对于其本期耗用或销售成本，按下列公式计算：

本期耗用或销售成本 = 期初存货成本 + 本期购货成本 − 期末存货成本

第57条 存货计价方法有以下两种：

1. 按实际成本进行日常核算的，采用加权平均法计价。
2. 按计划成本进行日常核算的，采用计划价格计价，期末分摊价格差异。

第58条 对于领用的低值易耗品，要采用一次摊销。如果一次领用的低值易耗品价值较大，以至于会影响当期成本费用的，可通过待摊费用分次摊销。对于在用低值易耗品由使用部门和主管部门进行登记管理。

续表

名称	企业财务控制管理细则	编号	

第10章 工薪与人事内部控制

第59条 员工的聘用、解聘、离职和起薪及薪资变动等事项,应由人力资源部及时以书面凭证通知财务部门及员工所在部门、单位,作为人事管理和工资计算的依据。

第60条 工资的计算和支付,应严格按照考勤制度、工时产量记录、工资标准及有关规定,进行计算和发放。并根据国家规定的标准,正确计提应付职工的福利费、职工教育经费、工会经费。

第61条 对于员工的责任赔款,应由有关业务部门和人力资源部门根据劳动法和有关法规进行办理,在经员工本人签字同意后,方可转财务部门扣款。

第62条 员工领取工资时应由本人签章。本人不在应由其指定其他人员代领,并由代领人签章。对于在规定期限内未领取的工资,应退回财务部门,记入"其他应付款"账户。

第63条 根据成本核算办法,应将工资及职工福利费,按职工类别、工时产量统计和单位工资标准,合理分配,计入产品直接工资成本、制造费用、销售费用、管理费用等有关账户。

第11章 收入利润控制

第64条 企业当期实现的主营业务收入(销售收入、运输收入、营业收入、经营收入)要做到全部及时入账,并要和对应的销售成本、运输成本、营业成本、经营成本相互配比,减去当期应交的税金及附加和期间费用后的余额,就是主营业务利润,这是企业经营成果的一个直接反映。

第65条 企业当期实现的其他业务收入也要全部、及时入账,要和对应的其他业务支出相配比,并计算出其他业务利润。

第66条 财务部要按规定计算投资收益,具体应做到以下几点要求:
1. 对投资收益的取得要合法,要符合权责发生制。
2. 计算要合规,入账要及时,处理要恰当。
3. 对投资损失的计算要合法、正确、实事求是。

第67条 对营业外收支项目的设置要合法、合理,收支项目的数额要做到真实、正确,账务处理要恰当。

第68条 企业利润总额在按照国家规定做相应调整后,应依法缴纳所得税,然后按规定的顺序及相应比例进行分配。

第69条 当企业发生年度亏损时,可用下一年度的税前利润进行弥补,下一年度的利润不足以弥补的,可以在5年内进行延续弥补。5年内仍不足以弥补的,要用税后利润进行弥补。

第12章 固定资产控制

第70条 企业固定资产管理,应由主管部门、使用部门和核算管理部门来分工负责。
1. 主管部门:通常为本企业工程部门(或企业指定部门),负责固定资产的登记管理、建设、购置、处置、报废等业务。
2. 使用部门:负责固定资产的合理使用、维护保管。
3. 核算管理部门:通常为本企业财务部,负责固定资产的核算、综合价值管理,每年组织清查盘点一次。

续表

名称	企业财务控制管理细则	编号	

第 71 条　固定资产的建设与购置，一般应按下列流程办理：

1. 申请购建：由使用部门提出增加固定资产的申请，交主管部门进行可行性研究后，拟定购建报告。
2. 审批：报总经理进行审批。
3. 对外订货：主管部门负责对外订货，并签订相应的建设安装合同。
4. 建设安装：主管部门负责监督施工单位进行施工。
5. 验收使用：由主管部门组织验收，交付使用部门使用。
6. 结算付款：根据固定资产购建报告，将订货、验收单、工程合同、完工交接单、竣工决算、发票收据等凭证单据由主管部门审核无误后报总经理批准，到财务部门办理付款结算手续。

第 72 条　固定资产的处理与报废。

固定资产的停用、出售或报废处理，应首先由使用部门提出意见交主管部门审核，报总经理批准后进行处理，并报财务部门审核后做财务处理。

第 13 章　分析和考核

第 73 条　本企业下属分（子）公司的企业运营状况，可根据行业的特点，使用下列财务指标进行分析考核：

1. 流动比率 = 流动资产 / 流动负债 ×100%
2. 速动比率 =（流动资产 – 存货）/ 流动负债 ×100%
3. 应收账款周转率 = 赊销收入 / 应收账款平均余额 ×100%
4. 存货周转率 = 销货成本 / 平均存货 ×100%
5. 资产负债率 = 负债总额 / 资产总额 ×100%
6. 资本金利润率 = 利润总额 / 资本金总额 ×100%
7. 营业收入利润率 = 利润总额 / 营业收入 ×100%
8. 成本费用利润率 = 利润总额 / 成本费用总额 ×100%

第 74 条　本企业下属分(子)公司，可实行分部核算、自定目标、核定收入、控制成本、提高效益、责任考核、资产承包及超额有奖的办法，自定财务核销考核指标及具体管理办法。

第 14 章　内部审计

第 75 条　具备条件的企业，应设专职内部审计机构和人员，负责对各部门和下属单位进行内部审计工作。

第 76 条　审计部门每年应对企业各个部门及下属单位进行一次例行审计工作。

第 77 条　在董事会或总经理认为必要的情况下，企业可随时对下属企业进行专项审计。

第 15 章　附则

第 78 条　本细则由财务部制定，经企业董事会批准后，于颁发之日起即行生效。

第 79 条　本细则由企业财务部门负责解释和修订。

备注					
编制人		审核人		批准人	
编制日期		审核日期		批准日期	

第八章

税务稽查管控：
用"合作"去面对"稽查"

税务稽查是纳税人不得不面对的一个问题，每个企业在纳税实践活动中，都有可能会受到税务机关的稽查。降低纳税风险，正确应对税务机关的稽查；在遵守国家法律和税收规则的同时，又能够实现科学纳税，这是每一家企业都希望做到的。

在金税系统的全面监管之下，对于税务稽查问题，企业应持一种理性而又积极的态度，去应对，去自查，去积极配合税务稽查人员的工作。

一、功能强大的金税四期对企业意味着什么

谈起金税四期，不得不先说让很多企业老板"闻之色变"的金税三期，相信每一个企业财税工作者或和财税机关打过交道的老板、高管，对金税三期都不会感到陌生，金税三期投入使用之初，令很多财税不合规、游走在法律边缘的公司胆战心惊。

金税三期、金税四期，都是我国金税工程的构成部分，是一个覆盖全国的庞大税收征管系统，在我国经济社会生活中发挥着举足轻重的战略作用。金税四期，是指金税工程已经经历了一期、二期和三期，当前正在运行的是金税四期。

1994年，金税工程一期开始在全国部分城市试点运行。1998年，金税工程二期正式立项。2001年1月1日起，金税二期四个系统在"五省四市"开通运行。2001年7月1日，四个系统在其他22省区开通运行，国家税务总局到省、市、县税务局的四级网络全部联通，金税工程覆盖全国省、市、县。

2016年5月1日，我国完成了营改增的全覆盖，这意味着增值税实现了对我国所有企业经济活动的覆盖。同时，金税三期也在全国各地的税务机关完成全面上线。

经过不断完善，金税三期的功能已经非常强大，它是一项全面的税收管理信息系统工程，依托大数据和云计算等新技术手段，通过互联网将市场监管、公安、税务、社保、统计、银行等相关行政管理部门权限打通，实现了同其他部门的联网，金税三期致力于搭建"一个平台、两级处理、三个覆盖、四个系统"——

第一，一个平台。一个平台是指包含网络硬件和基础软件的统一的技术基础平台。

第二，两级处理。两级处理是指依托统一的技术基础平台，逐步实现数据信息在总局和省局集中处理。

第三，三个覆盖。三个覆盖是指应用内容逐步覆盖所有税种，覆盖所有工作环节，覆盖税务机关，并与相关部门联网。

第四，四个系统。四个系统是指通过业务重组、优化和规范，逐步形成一个以征管业务系统为主，包括行政管理、外部信息和决策支持在内的四个应用系统软件。

流程更合理、运行更通畅的金税三期上线后，纳税人在税务机关面前变得更加透明化，企业几乎所有的经营行为都会被纳入税务机关的监控范围。

（1）企业的日常经营事项都会在金税三期的监控中留下记录，它能够追踪到企业的资金流、票据流。

（2）金税三期借助大数据，输入企业纳税人识别号，即可追查到该税号下的进项发票和销项发票，以及是否购入假发票等，都一目了然。

（3）税务、市场监管、社保、统计、银行等各个部门被打通后，企业的个税、社保、公积金、残保金、银行账户等，将会在税务系统里面一览无余，违规操作的概率趋于零。

企业以往的财税违规操作在金税三期面前将无所遁形、原形毕露，企业的财税风险大大提升。

金税三期不仅实现了税务系统数据的合并和统一，还通过互联网将市场监管、税务、社保等有关部门的信息打通，能对企业的税务工作实现全面监控。

金税四期，在延续金税三期系统的基础上，核心功能保持不变，新增加的功能主要有以下几方面。

第一，非税业务管控，企业最关注的社保也将纳入税务机关管理并通过金税四期工程进行征管。

第二，与人民银行的信息联网，进行严格的资金管控。

第三，企业相关人员身份信息及信用的管控。

第四，云化服务，全流程智能办税。

金税四期对企业又意味着什么呢？

由于新的税收征收管理系统将充分运用大数据、人工智能等新一代信息技术，从而实现智慧税务和对企业的智慧监管，每一家企业今后在税务部门面前都是透明的，任何违规操作和不可告人的秘密都将无所遁形。

面对功能越来越强大的金税系统，企业应当如何应对呢？

守法经营、依法纳税的企业当然无须有任何担心，企业只要行得端、坐得正，就不怕任何监管。

而对于那些财税不合规的企业，则应当引起充分的重视，尽快让企业财税合规起来，才是唯一的出路。

第一，企业务必重视外部的涉税事项，及时了解并熟悉国家制定的各项财会法规、方针政策，严格贯彻执行和遵守经济法、会计法、证券法、税法、会计准则和财务通则等相关法律制度，强化法律意识，让企业财税工作规范起来。

第二，谨慎对待每一个纳税申报期，按时申报，不管是内部会计负责公司财务，还是交由外部的财税公司做账，都应遵守国家制度进行合规经营，减少风险。

第三，企业向管理部门申报的每一个财税数据，如报给统计局的、报给税务局的、报给公积金中心的等，都要非常谨慎，做到数据的统一，避免数据发生冲突。因为上述部门关于企业的相关数据都会实现互通，可以相互印证，当数据存疑时，将会成为税务机关进行税务稽核的突破口。

第四，如果企业有两套账的问题，尽快两账合一，以避免不必要的麻烦。

第五，要加强人员培训，提高企业财税管理水平。企业包括老板在内的相关人员，要认真学习、研究金税三期、四期的相关知识、特点，做到知己知彼、与时俱进，提高企业的财税管理水平和综合处理能力。

第六，要建立完善的内控制度和内控流程。结合金税三期、金税四期，企业应建立完善的内部财税监督控制管理制度和内控流程，使财务人员在处理财务、税务问题时有法可依，在出现问题时能够通过规范的内控流程及时予以发现，做好应急处理，最大限度降低企业的财税风险。

二、哪些企业会被税务机关"盯上"

公司小就不会被税务检查？当然不是。有些老板认为自己公司小，就不会被税务机关盯上，其实是一种想当然。公司不论大小，只要存在下列财税上的异常现象，都有可能被金税系统发现，被税务机关重点"关照"。

1. 纳税申报异常

企业常见的纳税申报异常现象有以下几方面。

第一，增值税申报收入与所得税申报收入差异过大。正常情况下，企业增值税的申报收入与所得税的申报收入是相匹配的，如果二者差额大于10%，金税系统就会发出预警。

第二，违规进行零申报。比如：企业期末没有收入，但有增值税进项税额，却做了零申报；企业长期亏损，没有企业所得税应纳税款，做了零申报；企业已预缴了税款，在报税时却进行了零申报；企业取得未开票收入，同时无可抵扣进项税，进行了零申报。上述零申报都是不合规的，属异常申报。

第三，不重视小税种的申报。一些公司对小税种不重视，认为其金额小，不会被监管，于是就不做申报。小税种如果不做正常申报，也会引起大风险。

2. 存货数据异常

企业销售存货的收入要与购进存货的支出相匹配，抵扣的税额与销项税额要相匹配。如果在收入变化不大的情况下，企业的存货购进量和存货销售量发生了较大变化，超过一定幅度，就会被金税系统捕捉到。

金税三期上线后，企业发票实行的是全票面上传，即上传的发票不仅包括发票抬头、金额，也包括开具的商品名称、数量、单价，这些细节性信息都会被监管，即公司的进销存都是透明的。只要企业开具的发票异常，就会接到税务机关的电话，有的会被要求实地盘查。

金税四期上线后，企业库存会进一步透明化。企业一定要做好存货管理，统计好进销存，定期盘点库存，做好账实差异分析表，尽量避免库存账实不一致的现象发生。

3. 进销税额不匹配

在企业业务保持稳定的情况下，进项税额和销项税额应存在正相关的关系。

进项增加，销项或存货也应当同步增加。如果进项增加较多，但是销项或存货没有同比例增加，或者公司只有销项但是从来没有进项，以及公司只有进项但是从来没销项出现，都会被金税系统视为异常现象而予以预警。

4. 预收账款与应收账款比例异常

如果预收账款的比例长期处于较高的水平，企业可能会被怀疑没有按准则确认收入，存在偷税漏税的可能。

如果应收账款比例长期较高，特别是对股东的应收账款比例较高，企业股东就会被怀疑是否在以借款的形式从公司获取分红，而逃避分红时的个人所得税。

5. 企业税负异常

企业税负异常表现在两个方面。

第一，企业的综合所得税税负偏低。即企业税务贡献率远低于同地区同行业的企业，会被税务机关认为存在多列成本、少列收入的情况。

第二，税负率浮动异常。税负率异常历来是税务稽查的重点，如果企业平均税负率上下浮动超过20%，税务机关就会对其进行重点检查。

企业税负异常不代表一定存在问题，企业要保留完整的证据链，在必要的时候向税务机关证明企业税负率是合理的，业务分配也有合理的商业目的即可。

6. 主营业务收入增长缓慢

企业主营业务收入增长情况，主要是针对同地区同行业的普遍增长情况，如果企业的主营业务收入增长率相对偏低，或长期处于没有增长的状态，则金税系统就会发出报警，税务机关可能认为企业存在少计或不计主营业务收入的嫌疑。

7. 少交个税和社保

少交或不交社保，少交或不交个税，都存在税务风险。例如：员工试用期不入社保、工资高却按最低基数缴纳社保、员工工资长期在 5 000 元以下或每月工资保持不变、企业代别人挂靠社保、员工自愿放弃社保的，税务机关都将会重点稽查。

金税四期已到来，税务、市场监管等部门随时会合并接口，企业人员、收入等相关信息将实现互联互通，虚报工资、社保已经没有余地。

8. 私户转账

私户转账确实在一定程度上方便了企业放款，对接受转账方而言也可以做到快速收款和减少税负。基于此，有些企业喜欢利用私户等收发货款，进行资金往来。

但私户转账利弊并存，且弊大于利，会被税务机关重点关注，尤其是以下三种私户转账情况将被税务机关重点稽查。

第一，私户转账金额境内超过 50 万元。

第二，私户转账金额境外超过 20 万元。

第三，公户短期内频繁给私户转账，或公司经常收到私户转账。

9. 虚开发票

所谓虚开发票，即企业所开的发票与实际经营情况不符。

第一，没有真实交易。

第二，有真实交易，但开具数量或金额不符。

第三，进行了实际交易，但让他人代开发票。

10. 长期亏损企业

企业如果长期处于亏损状态，而又不倒闭、不做破产清算、不做注销，对于这种一看就有问题的企业,税务机关想不查都难。

三、税务检查:谁会被查、查什么

财税存异常、不合规的企业,大概率会招来税务检查。

税务检查,是税收征收管理的一个重要环节,是税务机关依法对纳税人履行缴纳税款义务和扣缴义务人履行代扣、代收税款义务的状况所进行的监督检查。

在实务中,税务检查包括税务评估和税务稽查两种。

第一,税务评估。主管税务机关向特定企业下发《税务检查通知书》和疑点,企业接到通知书后,根据疑点对内核查,在规定期限内给予疑点反馈,税务检查人员会进一步针对企业的解释提出疑问,直至最后疑问都解决,企业完成相应的补税税金、罚款的缴纳,以示结案。

第二,税务稽查。税务稽查首先由税务机关通知企业针对所有税种开展自查,企业完成自查后,在规定期限内向稽查员汇报结果,递交自查情况说明书和随机抽查企业自行补税明细表,如果涉及相关税金的补交,则需同步补交,自查阶段结束。

企业自查结束后,税务主管部门会根据企业自身的情况以及自查结果评定该企业是否需要稽查员进一步上门稽查,如果需要,会下发稽查通知书,上门出示税务检查证,开展稽查工作,现场查账,提出疑点,直至最后疑问都解决。

1. 谁会被税务检查?

经常听到老板这样抱怨:"我们公司被税务稽查连查了三次,真倒霉!"而有些企业则从未被税务机关检查过,那么,税务机关检查的"偏好"是什么呢?

通常,被税务检查的对象是由以下几种方式产生的。

第一,被抽查。税务机关抽查企业的方法有两种,一种是定向抽查,另一种是不定向抽查。

定向抽查是指按照税务稽查对象类型、行业、性质、隶属关系、组织架构、经营规模、收入规模、纳税数额、成本利润率、税负率、地理区域、税收风险等级、纳税信用级别等特定条件，通过摇号等方式，随机抽取确定待查对象名单，对其纳税等情况进行稽查。

不定向抽查是指不设定条件，通过摇号等方式，随机抽取确定待查对象名单，对其纳税等情况进行稽查。不管什么条件的企业，都有可能被选定为检查对象。

税务机关不可能全面稽查每家企业，所以抽查是主要的方法之一，如果公司碰巧被抽到了，自然而然，税务稽查就会过来查。

第二，被推送。金税三期上线后，各省、区、市、县税务机关都设有风险控制管理部门，会对企业的电子底账、"金三"数据进行分析，一旦发现企业的纳税数据有异常变动需要稽查，就会把相关信息和线索推送到稽查部门。

第三，被检举。举报是税务稽查的重要案件来源之一，如企业因涉税问题被竞争对手、内部人员举报。如果检举内容详细、税收违法行为线索清楚，税务机关就会进行稽查。

例如，近期在财税圈所流传的一个段子："老板，我考上税务局的公务员了，你准备跑路吧。"也从侧面反映了企业老板对税务举报的担忧。企业内部人员由于掌握了企业财税上的一些违规操作证据，如果进行检举，将非常精准。

第四，被定向检查。各地税务机关会根据年度稽查工作任务安排，有重点地对辖区内的特定企业、行业进行定向检查，确定案源。

比如，某地房地产企业纳税完成度不高，某地工矿企业纳税情况不乐观，税务机关就会对相应的行业进行重点"关照"，作为本年度稽查工作重点，该地区、该行业内的企业，都有可能被税务机关检查。

2. 税务检查会查些什么？

税务机关根据国家税收法律、法规要求，依法查处税收违法行为，保障国家税收收入，维护正常的税收秩序，促进依法纳税，保证税法的顺利实施。税务检查的具体任务主要包括以下三个方面。

第一，纳税人执行税法以及履行正常纳税义务的情况。

第二，纳税人执行财务纪律、制度以及会计准则的情况。

第三，纳税人的内部经营管理和核算情况。

另据《中华人民共和国税收征收管理法》，税务检查被赋予的执法权力有查账权、场地检查权、责成提供资料权、询问权、查证权、检查存款账户权、税收保全措施权、税收强制执行措施权等。

税务检查的范围主要有以下几方面。

第一，纳税人对税务相关法律、法规、制度等的贯彻执行情况。

第二，纳税人生产经营活动及税务活动的合法性。

第三，偷、逃、抗、骗、漏税及滞纳情况。

在实施检查时，税务机关检查人员一般2人一组，会向被查对象出示税务检查证和《税务检查通知书》。检查人员会通过实地检查、询问、调取账簿资料、提取证据原件、调研空白发票、调取发票原件、检查电子信息系统、检查存款账户、储蓄存款等方式开展检查。

企业需要注意以下几点。

第一，税务检查会涉及企业重要的财务、税务信息与资料，企业需要提供检查所属年度的相关财务、税务资料，如账册、凭证、合同等。

第二，检查人员同时也会采集并复制企业的电子涉税经营财务数据资料。

第三，如果企业的涉税问题比较重大，并跨越年度，检查人员也会调阅相关年度的涉税资料。

四、企业三大税种的自查要点

按照正常程序，税务机关对企业进行税务检查前，通常会提前向企业下达《税务检查通知书》。企业要充分利用税务检查前的这段时间，对自身的纳税情况做好全面的自查，尤其是要做好三大税种的自查工作。

1. 增值税自查要点

增值税自查要点见表8-1。

表 8-1 增值税自查要点

要点	具 体 内 容
进项税自查要点	1. 用于抵扣进项税额的增值税专用发票是否真实合法,是否有开票单位与收款单位不一致的情况,是否有票面所记载货物与实际入库货物不一致的发票用于抵扣的现象。 2. 用于抵扣进项税额的运费发票是否真实合法。 3. 是否存在未按规定开具农产品收购统一发票申报抵扣进项税额的情况。 4. 用于抵扣进项税额的废旧物资发票是否真实合法。 5. 用于抵扣进项税额的海关完税凭证是否真实合法。 6. 是否存在购进用于非增值税应税项目、免征增值税项目、集体福利或者个人消费等的固定资产申报抵扣进项税额的情况。 7. 是否存在购进材料、电、气等货物用于在建工程、集体福利等非应税项目未按规定转出进项税额的情况。 8. 发生退货或取得折让是否按规定做进项税额转出。 9. 用于非应税项目和免税项目、非正常损失的货物是否按规定做进项税额转出。 10. 是否存在将返利挂入其他应付款、其他应收款等往来账或冲减营业费用,而不做进项税额转出的情况。
销项税自查要点	1. 销售收入是否完整及时入账,重点核查以下几种情况:是否存在以货易货交易未记收入的情况;是否存在以货抵债交易未记收入的情况;是否存在销售产品不开发票,取得的收入不按规定入账的情况;是否存在销售收入长期挂账不转收入的情况;是否存在将收取的销售款项,先支付费用(如购货方的回扣、推销奖、营业费用、委托代销商品的手续费等),再将余款入账做收入的情况。 2. 是否存在视同销售行为未按规定计提销项税额的情况。 3. 是否存在开具不符合规定的红字发票冲减应税收入的情况。 4. 是否存在购进的材料、水、电、气等货物用于对外销售、投资、分配及无偿赠送,不计或少计应税收入的情况;收取外单位或个人水、电、气等费用,不计、少计收入或冲减费用;将外购的材料改变用途,对外销售、投资、分配及无偿赠送等未按视同销售的规定计税。 5. 向购货方收取的各种价外费用(例如手续费、补贴、集资费、返还利润、奖励费、违约金、运输装卸费等)是否按规定纳税。 6. 设有两个以上的机构并实行统一核算的纳税人,将货物从一个机构移送到其他机构(不在同一县市)用于销售,是否做销售处理。 7. 对逾期未收回的包装物押金是否按规定计提销项税额。 8. 增值税混合销售行为是否依法纳税。 9. 兼营非应税劳务的纳税人,是否按规定分别核算货物或应税劳务和非应税劳务的销售额;对不分别核算或者不能准确核算的,是否按增值税的规定一并缴纳增值税。 10. 按照增值税暂行条例规定应征收增值税的代购货物、代理进口货物的行为,是否缴纳了增值税。 11. 免税货物是否依法核算

2. 企业所得税自查要点

企业所得税自查要点见表8-2。

表8-2 企业所得税自查要点

要　点	具 体 内 容
收入方面自查要点	1. 企业资产评估增值是否并入应纳税所得额。 2. 企业从境外被投资企业取得的所得是否并入当期应纳税所得额计税。 3. 持有上市公司的非流通股份（限售股），在解禁之后出售股份取得的收入是否计入应纳税所得额。 4. 企业取得的各种收入是否存在未按所得税权责发生制原则确认计税的问题。 5. 是否存在利用往来账户延迟实现应税收入或调整企业利润。 6. 取得非货币性资产收入或权益是否计入应纳税所得额。 7. 是否存在视同销售行为未做纳税调整。 8. 是否存在各种减免流转税及各项补贴、收到政府奖励，未按规定计入应纳税所得额。 9. 是否存在接受捐赠的货币及非货币资产，未计入应纳税所得额。 10. 是否存在企业分回的投资收益，未按地区差补缴企业所得税
成本费用方面自查要点	1. 是否存在利用虚开发票或虚列人工费等虚增成本。 2. 是否存在使用不符合税法规定的发票及凭证，列支成本费用。 3. 是否存在将资本性支出一次计入成本费用：在成本费用中一次性列支达到固定资产标准的物品未做纳税调整；达到无形资产标准的管理系统软件，在营业费用中一次性列支，未进行纳税调整。 4. 内资企业的工资费用是否按计税工资的标准计算扣除；是否存在工效挂钩的工资基数不报税务机关备案确认，提取数大于实发数。 5. 是否存在计提的职工福利费、工会经费和职工教育经费超过计税标准，未进行纳税调整。 6. 是否存在计提的基本养老保险、基本医疗保险、失业保险和职工住房公积金超过计税标准，未进行纳税调整。是否存在计提的补充养老保险、补充医疗保险、年金等超过计税标准，未进行纳税调整。 7. 是否存在擅自改变成本计价方法，调节利润。 8. 是否存在超标准计提固定资产折旧和无形资产摊销：计提折旧时固定资产残值率低于税法规定的残值率或电子类设备折旧年限与税收规定有差异的，未进行纳税调整；计提固定资产折旧和无形资产摊销年限与税收规定有差异的部分，是否进行了纳税调整。 9. 是否存在超标准列支业务宣传费、业务招待费和广告费。 10. 是否存在擅自扩大技术开发费用的列支范围，享受税收优惠。 11. 专项基金是否按照规定提取和使用。 12. 是否存在企业之间支付的管理费、企业内营业机构之间支付的租金和特许权使用费进行税前扣除。 13. 是否存在扩大计提范围，多计提不符合规定的准备金，未进行纳税调整

续表

要点	具体内容
成本费用方面自查要点	14. 是否存在从非金融机构借款利息支出超过按照金融机构同期贷款利率计算的数额，未进行纳税调整。 15. 企业从关联方借款金额超过注册资金50%的，超过部分的利息支出是否在税前扣除。 16. 是否存在已做损失处理的资产，部分或全部收回的，未做纳税调整；是否存在自然灾害或意外事故损失有补偿的部分，未做纳税调整。 17. 是否存在开办费摊销期限与税法不一致的，未进行纳税调整。 18. 是否存在不符合条件或超过标准的公益救济性捐赠，未进行纳税调整。 19. 是否存在支付给总机构的管理费无批复文件，或不按批准的比例和数额扣除，或提取后不上交的，未进行纳税调整。 20. 是否以融资租赁方式租入固定资产，视同经营性租赁，多摊费用，未做纳税调整。

3. 个人所得税自查要点

个人所得税自查要点见表8-3。

表8-3 个人所得税自查要点

序号	具体内容
1	公司是否进行了全员足额申报
2	员工工资有多少人在5 000元以下，是否属实
3	个税申报人数与缴纳社保人数是否相符
4	年终向股东分红是否申报了个税
5	公司是否有股东长期借款不还，也没有用于经营
6	公司发放福利补贴，有没有计入工资总额申报个税
7	公司是否虚列员工人数
8	公司是否让员工拿发票抵工资
9	公司是否长期以现金形式发放工资
10	公司是否存在以个人借款形式规避工资

对照以上要点，企业如发现涉税问题，应及时予以纠正，以避免造成不必要的涉税风险。

为了加强财税管控，纳税人也可将自查视为一项内部审计工作，甚至可以将其常态化，通过定期或不定期的自查来发现税务管理中的漏洞和问题，一方面能够确保企业财会资料及涉税数据的准确完整，另一方面也能够为接受税务稽查做好前期准备。自查也有助于企业梳理、健全内部财税管控流程。

五、企业应如何配合税务检查

企业遇到税务检查,不要存任何侥幸心理,要针对检查人员提出的疑点,仔细梳理公司业务。

企业相关人员要认真配合检查人员,按要求提供账簿、记账凭证、报表等资料,检查人员会在规定的时间内完整退还这些资料。对公司的实际经营情况,不要藏着掖着,避免不必要的风险。对政策理解把握有疑问的,应主动与检查人员多沟通。

税务检查是一项专业性非常强也非常严谨的工作,企业应该组织专业人员认真陪同,做好配合工作,同时也应该掌握一定的应对策略。

1. 先自查,排除隐患

企业要充分认识到税务检查的重要性和严肃性,提前做好自查与相应准备。对企业存在的涉税问题,应该想方设法予以化解,以免造成严重的经济损失和不良后果。

在接受税务检查之前,企业应结合自身生产经营特点、财务情况和纳税申报情况,依据相关法律法规,仔细排查可能存在的风险,积极做好自查自纠工作,尽量采取补救措施,提前排除有关涉税风险,以便轻松迎接即将来临的税收检查。

2. 安排专业人员陪同

税务检查是一项专业性非常强的工作,企业不能敷衍了事,应安排内部专业素养和工作经验最丰富的人陪同税务检查人员,从最专业的视角配合检查人员,随时解答检查人员提出的问题,切忌让那些缺乏相关专业背景和工作经验的人员陪同检查,更不能由着自己的主观愿望去向检查人员陈述事实,以免弄巧成拙,给企业带来不必要的损失。

3. 不卑不亢，冷静接待

面对税务检查人员，企业陪同人员应做到不卑不亢，神态上不要紧张，冷静对待，有理有节地对待检查人员，避免与检查人员发生冲突。税务检查中，应当及时与税务检查人员沟通。对税务检查人员提出的问题，应当及时予以回答，但不清楚的地方不要随意答复，应当找有关人员核实后再做解释。

4. 把握好提问重点

在税务检查中，税务检查人员会不断提出各种问题，要求企业陪同人员提供企业的各种生产、经营和财务资料，企业陪同人员应该根据检查人员的提问，先理顺其提问思路以及问题背后的真实用意，再做好下一步的应对工作，准确把握好检查工作的重点方向和进程。

5. 积极申辩，澄清事实

一般情况下，被查企业都是在收到《税务行政处罚事项告知书》之后才进行陈述申辩，不过在税务机关作出处罚决定之前，随时都可以进行陈述申辩。企业不仅可以在检查后对拟处罚决定进行陈述申辩，而且在检查过程中也可以对涉税问题进行陈述申辩。

被查企业如果对检查人员认定的某项违法事实有异议，应该当即提供不同的证据和依据，争取对方在将案件移交到审理环节之前就澄清事实，避免节外生枝和出现错案，给企业带来额外损失。

如果被查企业对被认定的偷税行为并不是主观故意，也可以在陈述申辩的时候讲明情况，请求税务机关能够给予最低额度的罚款，争取将损失降到最低程度。

下面分享一个用陈述、抗辩成功维护自身权益的案例。

案例 8-1

一、案情概况

某上市公司欲收购某市一家互联网公司。但他们发现该互联网公司由个人股东甲、乙出资 500 万元设立,该上市公司为了规避扣缴个人所得税义务,要求互联网公司股东变更为公司持股。2012 年 5 月,甲、乙个人另设立一家 A 公司,个人股东将股权平价 500 万元转让给 A 公司。2012 年 7 月,A 公司将该互联网公司股权以 2 000 万元转让给上市公司,从而完成收购交易行为。

2012 年 9 月初,互联网公司的主管税务机关在日常检查中发现公司股东变更,经过多方调查了解,认为甲、乙个人平价转让互联网公司股权不符合独立交易原则,核定应按最后成交价 2 000 万元为股权转让收入,转让所得为 1 500 万元(2 000-500),从而核定甲、乙个人应缴纳个人所得税 300 万元,按规定通知纳税人缴纳核定的个人所得税。

主管税务机关的依据为《国家税务总局关于加强股权转让所得征收个人所得税管理的通知》(国税函〔2009〕285 号)第四条规定:税务机关应加强对股权转让所得计税依据的评估和审核。对扣缴义务人或纳税人申报的股权转让所得相关资料应认真审核,判断股权转让行为是否符合独立交易原则,是否符合合理性经济行为及实际情况。对申报的计税依据明显偏低(如平价和低价转让等)且无正当理由的,主管税务机关可参照每股净资产或个人股东享有的股权比例所对应的净资产份额核定。主管税务机关在按互联网公司净资产核定股权转让价时,发现互联网公司净资产仍为 500 万元并未增值,但因该互联网公司股权实际最后环节成交价为 2 000 万元,税务机关最终再依据《国家税务总局关于股权转让所得个人所得税计税依据核定问题的公告》(国家税务总局公告 2010 年第 27 号)第三条第(三)项规定"参照相同或类似条件下同类行业的企业股权转让价格核定股权转让收入"。应该说,主管税务机关的上述执法行为和税法依据是准确的。

二、纳税人陈述、抗辩

甲、乙个人对股权转让成本扣除存在不同看法,对主管税务机关的征税决定未及时履行。于是,主管税务机关将该案件移交市稽查局查处。

市稽查局经过立案调查后,为了保障税款不至流失,于 2012 年 9 月底及时通知股权收购方（某上市公司）暂停支付给 A 公司的股权收购款尾项 300 万元。因案情简单，市稽查局在检查结束后，考虑纳税人在检查阶段未按照主管税务机关核定的收入申报税款，2012 年 12 月，稽查局对甲、乙个人拟作出偷税处理处罚，要求纳税人补缴偷税款 300 万元，按原主管税务机关的限期计算加收滞纳金，并处一倍罚款。

不过，纳税人并不愿意接受稽查局的处理，认为不应该按偷税处理处罚，不应该加收滞纳金，按规定进行了陈述、申辩。

三、稽查局审理意见

市稽查局对纳税人陈述、申辩非常重视，在案件审理过程中，经过反复讨论分析，最后达成以下审理意见。

（1）纳税人没有偷税具体行为，不按偷税处理。根据《中华人民共和国税收征收管理法》第六十三条的规定，纳税人伪造、变造、隐匿、擅自销毁账簿、记账凭证，或者在账簿上多列支出或者不列、少列收入，或者经税务机关通知申报而拒不申报或者进行虚假的纳税申报，不缴或者少缴应纳税款的，是偷税。审理认为，根据现行税收政策规定，税务机关认为纳税人股权转让价格偏低没有正当理由可以核定补缴税款，纳税人虽然没有按照主管税务机关核定的收入进行申报，但纳税人如实陈述了转让股权各个环节情形，并未存在上述"伪造、变造、隐匿、擅自销毁账簿、记账凭证，或者在账簿上多列支出或者不列、少列收入，或者经税务机关通知申报而拒不申报或者进行虚假的纳税申报"行为，因而，不应按偷税处理。

（2）税务机关通知暂停支付款项行为不当，不加收滞纳金。在案件调查过程中，税务机关采取了税收保全措施，通知第三方（收购方）暂停支付 300 万元，而且一直没有撤销该项行为。案件审理时，有的税务人员认为，该项行为并不是直接通知甲、乙个人的股权收购方 A 公司，不应影响甲、乙个人的案件查处和追缴，本案中没有不当行为。但最终审理还是认为，通知第三方暂停支付是一项税收保全措施，需要履行严格的法定程序，该项措施不符合《中华人民共和国税收征收管理法》相关规定，而且事实上影响了纳税人税款的及时缴纳。《中华人民共和国税收征收管理法》第五十二条规定，因税务机关的责任，致使纳税人、扣缴义务人未缴或者少缴税款的，税务机关在三年内可以要求纳税人、扣缴义务人补缴税款，但是不得加收滞纳金。因此，本案自税务机关通知第三方暂停支付行为之时不应该再加收滞纳金。

（3）由主管税务机关按规定追缴欠税款。审理认为，在主管税务机关已经作出征税决定的情况下，如果纳税人不及时缴纳税款，应直接按《中华人民共和国税收征收管理法》追缴欠税相关规定处理。《中华人民共和国税收征收管理法》第六十八条规定，纳税人、扣缴义务人在规定期限内不缴或者少缴应纳或者应解缴的税款，经税务机关责令限期缴纳，逾期仍未缴纳的，税务机关除依照本法第四十条的规定采取强制执行措施追缴其不缴或者少缴的税款外，可以处不缴或者少缴的税款百分之五十以上五倍以下的罚款。如果纳税人有逃避追缴欠税的，还可以按第六十五条处理：纳税人欠缴应纳税款，采取转移或者隐匿财产的手段，妨碍税务机关追缴欠缴的税款的，由税务机关追缴欠缴的税款、滞纳金，并处欠缴税款百分之五十以上五倍以下的罚款；构成犯罪的，依法追究刑事责任。主管税务机关认为纳税人有逃避欠税行为的，方可移交稽查局按规定查处，因《中华人民共和国税收征收管理法实施细则》第九条规定，稽查局专司偷税、逃避追缴欠税、骗税、抗税案件的查处。但如果在主管税务机关已经作出限期缴纳税款的决定情形下，稽查局事后又作出一个追缴偷税款的处理决定，事实上就形成了税务机关多头执法、纳税人无所适从的违反行政执法程序的现象。

6. 认真对待《税务检查工作底稿》

检查人员在检查结束后，会形成一份《税务检查工作底稿》，是对被查企业违法事实所涉及的业务情况和数据进行的描述，也是重要的证据。企业对《税务检查工作底稿》要谨慎对待，不能草率签下"情况属实"的字样，在签署意见之前，应仔细查看《税务检查工作底稿》上所涉及的业务和数据，再结合企业相关的原始会计资料，认真核实，确保没有出入和偏差后，再签署企业的真实意见。

7. 依法行使权利

在接受税务稽查时，企业除了享有陈述申辩权利之外，对罚款还享有听证、复议和诉讼的权利，对税款和滞纳金享有复议和诉讼的权利，不过要行使这些权利都有时间上的限制。企业在收到的《税务处罚告知书》上都有告知行使相关权利的途径、条件和期限，如果被查企业对其中的事项仍有异议，切记不要错过行使相关权利的最佳时机。

如果被查企业与检查人员存在某种利害关系，担心检查人员滥用职权、趁机对企业进行打击报复，企业还可以依法向该税务稽查局要求相关检查人员回避。尽管是否回避的最终决定权在税务机关，但如果有利害关系的检查人员没有回避，且检查人员存在滥用职权、故意打击报复的行为，给企业造成了经济损失，被查企业可以收集相关证据，以备将来依法行使陈述申辩、听证、复议和诉讼的权利，维护自己的合法权益。

8. 被强制执行后如何防止额外财产损失

被查企业如果未按照规定的期限缴纳或者解缴税款，经责令限期缴纳而逾期仍未缴纳的；或者对罚款逾期不申请行政复议也不向人民法院起诉、又不履行的，税务机关可能要依法采取强制执行措施。在这个过程中，被查企业虽然处于被强制执行的不利地位，但仍要关注自己的正当权益不能受到侵害，主要表现在几个要点上。

第一，扣缴存款不能超过应纳税款、罚款和滞纳金的总金额。

第二，税务机关在对财产进行变现时，要按照法定的变现顺序进行，不能随意选择处理财产的方式，造成低价处理财产，使被查企业蒙受额外经济损失。

第三，拍卖或者变卖所得抵缴税款、滞纳金、罚款以及拍卖、变卖等费用后，剩余部分应当退还被执行人。

如果税务机关采取强制措施不当，给被查企业造成了经济损失，被查企业可以进行复议或诉讼，要求税务机关对造成的损失进行赔偿。

随着金税系统的不断更新升级，税收违法行为的风险也在与日俱增。企业要不断加强纳税遵从，提升财税风险管理水平，合法合规经营，才能实现企业的长远健康发展。

六、电商公司如何应对越来越严格的税务稽查

公司未建账记账,长期收入零申报,有什么风险?

公司大量收入未开票,未确认收入,未纳税,如何降低风险?

公司上游缺乏进项发票,增值税和所得税都未缴纳,如何降低风险?

公司历史上有近千万资金未缴税,如何降低风险?

以上是当下的小电商公司最为担心的问题。

调查显示,全国电商企业做到完全规范纳税的比例不到1%,电商公司财务规范建账的比例不到10%。

相对于其他行业,中小电商财税违规的现象更加普遍,由于处于税收政策的灰色地带,大多电商公司的历史账上都有大量的交易流水未申报收入,有些甚至高达数千万、上亿元。同时,电商的上下游也没有开具、索要发票的习惯,既不确认成本,也不确认营业收入。

如果面对税务稽查,类似情况将如何补税呢?

假设某淘宝店某月营收为100万元,上游不开发票,初步计算一下,需要补交的税种和税额如下。

第一,没有取得发票,进项税无法进行抵扣,需要缴纳增值税:$100 \times 13\% = 13$(万元)。

第二,需要补交的附加税:$13 \times 12\% = 1.56$(万元)。

第三,没有发票,不能进行税前成本列支,需要缴纳企业所得税:$113/(1+13\%) \times 25\% = 25$(万元)。

初步计算,需要补税共计:$13+1.56+25=39.56$(万元)。

对绝大部分习惯了"免税"的电商企业来说,显然是一笔巨大的税费支出。

现阶段,随着《中华人民共和国电子商务法》的出台,对于电商企业的税务稽查已经零星展开,最终的税收政策仍在博弈和探索中,我国电商和跨境电商行业的从业人员已经超过5 000万人,如果再算上上下游的关联产业,波及面更广,国家对于电商的税收政策也非常谨慎。

但随着金税三期大数据系统的逐渐完善,以及功能更强大的金税四期的正式启动,对电商行业的纳税规范将会加速推进。

当前，税务机关的工作重点在于完善系统，采集数据，打通电商平台、支付平台、银行平台、社保平台等所有参与机构，实现信息共享与核查通畅。与此同时，各地也在不断推出针对电商行业的定向稽查风暴，既是在给所有电商企业发出警示，使之能够足够重视、自查自纠、逐步规范，也是在实践中不断总结经验，不断纠错，为下一步针对电商的全面税务征收做好准备。

《中华人民共和国电子商务法》也明确了从事采购代理、微信业务和开设网上商店的个人都必须经过商业登记并依法取得相关行政许可，依法纳税，否则将不能继续经营。

根据《中华人民共和国电子商务法》的规定，个人开设网店，除以下情况外的所有电子商务经营者均应依法进行市场主体登记。

第一，个人销售自产农副产品。

第二，个人销售家庭手工业产品。

第三，个人利用自己的技能从事依法无须取得许可的便民劳务活动和零星小额交易活动。

第四，其他根据法律、行政法规不需要进行登记的。

相关电商平台也已发布公告，明确要求网店经营者必须上传营业执照和相关经营许可证，否则将下架相关商品。电商必须依法办理工商登记并取得相关行政许可成为不可扭转的事实，除非不想在网上开店。

将电商卖家转变为合法市场主体（企业、个体户、个人独资企业或者合伙企业）只是第一步，当卖家在领取营业执照后 30 日内应当去当地税务机关进行税务登记。

自 2020 年开始，已经开始有电商企业陆续被列为税务机关的稽查对象。税务机关也向电商企业发出了一些定向警示。例如，国家税务总局北京市海淀区税务局上地税务所发布了一条针对某电商企业的"风险自查提示"——

案例 8-2

经核实，你单位为天猫、京东等电商平台注册用户，从事网上商品销售行为。

通过大数据分析比对，发现你单位"分析期间起"至"分析期间止"申报的销售收入与电商平台统计的销售收入差异较大，存在少计销售收入的风险。

根据《中华人民共和国增值税暂行条例》《中华人民共和国企业所得税法》的相关规定，请你单位结合实际情况，对存在的问题进行全面自查自纠，修改相关申报表，补缴税款及滞纳金，并将自查自纠结果通过电子税务局反馈。自查过程中发现其他税收风险，请一并改正。

我局将持续关注你单位自查自纠情况。

反馈最迟完成日期：2020年6月10日

电商企业预防税务稽查风险和涉税风险，要重点做好如下几方面措施。

1. 让财税合规

财税合规永远是避免财税风险的根本之道，电商公司的财税合规，要避免以下行为：长期零申报、不建账、不开票、公转私、大额资金转移、订单贷款转移、虚开增值税发票等，也要尽量避免被内部员工举报。

2. 自纠自查

不管有没有收到税务机关的风险提示，电商企业都要摆脱侥幸心理，尽快开展自查自纠，至于查什么、纠什么，涉及很多方面的专业处理措施，如刷单虚增收入，该如何处理？缺上游发票，如何处理？这些都要做长远布局，不能等到税务人员上门才乱了阵脚。

3. 降低发票风险

发票问题不仅存在涉税风险，而且有刑事风险，无论是增值税专用发票还是增值税普通发票，都存在着极大的刑事风险。电商企业需要综合评估，是否存在将富余发票向外虚开的内控风险，以及以企业为主体的挂靠代销等虚开经营风险。

4. 税款依法申报

隐瞒收入曾是电商企业的惯用手法,要么对已经实现的收入不确认、不入账;要么推迟确认收入,不及时申报。如果电商企业确实存在少记收入的问题,就会面临《中华人民共和国税收征收管理法》第六十三条有关偷税的认定,如果被税务机关认定为少记收入,会面临被无限期追征税款滞纳金以及相关处罚。

5. 杜绝刷单

以往,电商行业出于各种考虑,基本上都存在人为刷单的行为,刷单带来的就是虚假交易,根本没有实际收入的入账。如果税务机关要求电商企业根据刷单金额进行补税,那将是一笔巨大的冤枉钱。停止刷单,规范经营,及时止损才是正道。

20年前,"民企原罪论"一度喧嚣尘上,但是近年来已经很少有人提及这个问题。同样,相信在不久的未来,电商行业也会走出纳税灰色地带,趋于规范化。

第九章

节税管控：
用"筹划"手段去"节税"

  税收是每一家企业都无法回避的，面对税收，企业会采取各种措施，或合法的，或非法的，或是游离于合法和非法之间的手段，来减少税务支出。有人说，野蛮者抗税，愚昧者偷税，糊涂者漏税，狡猾者骗税，精明者节税，真正的聪明者会进行税务筹划。

一、税务筹划的基本方法

税务筹划有着悠久的历史，又称合理节税，最早源于1935年英国的"税务局长诉温斯特大公"案，当时参与此案的英国上议院议员汤姆林爵士对税收筹划做了这样的表述："任何一个人都有权安排自己的事业。如果依据法律所做的某些安排可以少缴税，那就不能强迫他多缴税收。"

经过近百年的实践和发展，税务筹划的规范化定义逐渐形成。税务筹划，是指纳税人在税法规定的范围内，通过对经营、投资、理财等活动的事先筹划和安排，尽可能减少税款缴纳。

税务筹划具有合法性、风险性、筹划性、专业性和目的性的特点，详见表9-1。

表9-1 税务筹划的特点

特点	具体内容
合法性	合法性指的是税务筹划只能在税收法律许可的范围内进行。这里有两层含义：一是遵守税法，二是不违反税法。合法是税务筹划的前提，当存在多种可选择的纳税方案时，纳税人可以利用对税法的熟识、对实践技术的掌握，作出纳税最优化选择，从而降低税负
风险性	税务筹划的目的是获得税收收益，但是在实际操作中，往往不能达到预期效果，这与税务筹划的成本和税务筹划的风险有关
筹划性	筹划性是指在纳税行为发生之前，对经济事项进行规划、设计、安排，达到减轻税收负担的目的
专业性	专业性不仅是指税务筹划需要由财务、会计专业人员进行，而且指在税制越来越复杂、税务监管越来越严格的情况下，仅靠纳税人自身进行税收筹划显得力不从心
目的性	税务筹划有很强的目的性，它的直接目的就是降低税负，减轻纳税负担。同样有两层意思：一是选择低税负。低税负意味着较低的税收成本，较低的税收成本意味着高的资本回收率。二是滞延纳税时间（不是指不按税法规定期限缴纳税款的欠税行为），获取货币的时间价值

纳税筹划对企业意义重大，表现在以下几方面。

第一，能够减少税费支出，增加企业可支配收入。

第二，让企业获得延期纳税的好处。

第三，有助于企业进行正确的投资、生产经营决策，获得最大化的税收利益。

第四，有助于企业减少或避免税务处罚。

企业的税务筹划反映在以下三个层面。

第一，顶层架构层面。企业应做好顶层设计，搭建起最优的税务架构，如集团总部、总公司、母公司、控股公司的安排与筹划，投资公司股权架构安排等。

第二，商业模式层面。其主要通过合同涉税条款的拟定来实现。比如，商业促销政策与节税考量、并购重组交易模式的选择、重大交易涉税条款的安排与筹划等。

第三，税务管理层面。积极争取税收优惠政策以及成本费用的扣除政策。比如行业性、区域性税收优惠资格的申请，以及递延纳税政策的运用，成本、费用税前扣除政策的运用等。

纳税筹划的一个基本原则是趁早进行，特别是事关企业顶层架构的筹划方式，更需要提前安排，越早进行对企业后期运营的负面影响越小，成本和难度也越小。如果等企业发展到一定规模，股权架构越来越复杂，利益相关者越来越多，那再从组织架构上进行操刀，其阻力也越来越大。

从方法论上讲，可供企业选择的税务筹划途径主要有以下几种。

1. 顶层架构法

企业经营首先面临的问题，是以何种组织形态来组建企业。现代企业的组织形式一般包括公司、合伙企业以及个体经营企业。公司又分为有限责任公司和股份有限公司，其中有限责任公司是一种最为普遍的组织形式。究竟是选择公司组织经营还是选择个体经营，是选择独资经营还是选择合资经营，是选择一般纳税人还是选择小规模纳税人，都必须考虑税收因素。

顶层架构法通过对企业组织形态的选择，来进行纳税人身份的合理界定和转化，使纳税人承担的税负尽可能降到最低，或直接避免成为某类纳税人。

2. 经营方式筹划法

现代企业经营方式多种多样，根据不同标准可以区分为不同类别：根据经营活动的地域范围，可分为国内经营与跨国经营；根据经营管理的不同方式，可分为自营、联营、代理经营等；根据经营过程的供销关系，可分为内向经营与外向经营；根据经营业务的种类多寡，可分为单一经营与多种经营；根据经营期限长短，可分为短期经营与长期经营；等等。

企业的经营方式对投资方式存在较大的依存度，如经营地点、经营行业、经营产品的品种等，一般都由投资行为决定，而对该类项目的税务筹划，可以归结为相应的投资性筹划。但并不是所有的经营行为都由投资行为决定。比如，在投资已定的情况下，企业采购、销售对象的选择、产量的控制等，也都存在较大的筹划余地。

3. 税收优惠筹划法

充分利用某些特殊行业、特定区域、特定行为、特殊时期的税收优惠政策进行筹划。如利用对小规模纳税人、小微企业、高新技术企业、中外合资企业的税收优惠政策，进行相应筹划。

4. 税负转嫁筹划法

税负转嫁筹划法的核心是借助价格杠杆，利用价格浮动、价格分解来转移或规减轻收负担。

|案例 9-1|

某酒类企业的产品白酒是一种特殊消费品，需要缴纳消费税。酒类商品仅在出厂环节征收消费税，在后期的分销、零售环节不再征收。

酒厂为了对消费税进行筹划，特意组建了一家销售公司。销售公司以较低的出厂价（消费税相应也较低）从酒厂进货，再以合理的高价往下游进行层层加价分销,便可借助"前低后高"的价格转移策略,一方面可以确保企业的销售收入不受影响,另一方面可以降低消费税支出。

5. 拆分业务法

例如设备销售可以分为技术、安装、销售三个部分,安装服务和技术服务的增值税税率低于设备销售的增值税税率。

6. 转让定价法

转让定价法适用于关联公司之间,其基本操作是:在关联公司之间进行的货物、劳务、技术和资金等交易中,当卖方处于高税区而买方处于低税区时,其交易就以低于市场价格的内部价格进行;而当卖方处于低税区、买方处于高税区时,其交易就以高于市场价格的内部价格进行。

┃案例 9-2┃

A 公司年利润 300 万元,所得税适用税率 25%,该公司用转让定价方法将其 200 万元利润转移给与之相关联的两个小微企业,小微企业适用企业所得税税率均为 20%。

利润在不进行转移的情况下,A 公司年应纳所得税额为

300×25%=75(万元)

通过转让定价之后,300 万元利润应纳所得税额为

100×25%+200×20%=25+40=65(万元)

A 公司通过转让定价方法少纳税款为

75-65=10(万元)

7. 资产重组筹划法

企业可利用并购及资产重组手段,改变其组织形式及股权关系,实现税负降低筹划方法。

第一，企业通过合并可以进入新的领域、行业，享受新领域、新行业的税收优惠政策。

第二，通过并购亏损的企业，进行盈亏补抵，实现成本扩张。

第三，通过合并使关联性企业或上下游企业流通环节减少，合理规避流转税和印花税。

第四，企业合并可能改变纳税主体的性质，譬如由小规模纳税人变为一般纳税人，由内资企业变为中外合资企业。

二、企业所得税纳税筹划的两种方法

除了可利用特定行业（高新技术企业）、小微企业认定、税收洼地、公司组织形式（总分公司、母子公司、兄弟公司）等进行企业所得税筹划外，实务中，还有两种方法能够起到节税之效。

1. 利用特定设备的购置进行税务筹划

《中华人民共和国企业所得税法》（2018修正）第三十四条规定："企业购置用于环境保护、节能节水、安全生产等专用设备的投资额，可以按一定比例实行税额抵免。"

结合《环境保护专用设备企业所得税优惠目录（2017年版）》，企业购置并实际使用列入《环境保护专用设备企业所得税优惠目录》范围内的环境保护专用设备的，该专用设备投资额的10%可以从企业当年的应纳税额中抵免，当年不足抵免的，可以在后5个纳税年度中结转抵免。

根据以上规定，符合条件的企业就可以充分利用该政策进行企业所得税的节税筹划。

| 案例 9-3 |

某工业企业，于2016年底购入一台价值400万元的生产设备，该设备符合环保专用设备认定，因此该企业可享受2016年至2021年五年期限内抵免所得税额为：400×10%=40（万元），该企业所得税税率为25%。

预计该企业投产前三年将面临亏损，第四年起逐渐开始盈利，其盈利情况见表9-2。

表9-2　2016—2022年利润表　　　　　　　　　　　万元

年　度	2016	2017	2018	2019	2020	2021	2022
利润额	-150	-100	-80	100	150	180	200

针对以上情况，该企业应当如何进行筹划，才能实现最大限度的节税呢？

如果该企业于2016年底购置该生产设备，则未来各年应缴纳的企业所得税如下：

2016—2018年，企业处于亏损状态，无须缴纳企业所得税。

2019—2020年，企业盈利弥补前三年的亏损后，盈利额为：100+150-150-100-80=-80（万元），仍处于亏损状态，也不需要缴纳企业所得税。

2021年弥补以前年度亏损后利润额为：180-80=100（万元），应缴纳企业所得税为：100×25%=25（万元），由于企业购置环保专用设备抵免额为40万元，25万元的企业所得税就可以全额抵免，不需缴纳企业所得税，抵免额还剩下15万元。

尽管抵免额还剩15万元，但由于五年期已过，因此，2022年将无法继续抵免，当年应缴纳企业所得税200×25%=50（万元）。

如果企业通过延迟生产设备的购置时间来进行税务筹划，例如，将设备购置时间从2016年底稍微推迟几天至2017年1月，那么相应地，企业享受所得税抵扣政策也就可以延续到2022年，这样，该企业2022年度所得税额就可以继续进行抵免，抵免额为15万元，应缴纳企业所得税相应减少为：50-15=35（万元），企业由此减少了15万元的所得税支出。

在做企业所得税筹划时，不仅要选择购置特定的符合企业所得税减免政策的设备，而且要选择最恰当的购置时机，才能实现最大化的节税。

2. 广告费和招待费的税务筹划

看一个案例：

案例 9-4

某公司 2020 年度实现销售收入 1 000 万元，全年共列支业务招待费 15 万元，列支广告费、业务宣传费 250 万元，税前会计利润 100 万元，适用所得税税率为 25%，无其他调整项目。

根据《中华人民共和国企业所得税法实施条例》第四十三条的规定："企业发生的与生产经营活动有关的业务招待费支出，按照发生额的 60% 扣除，但最高不得超过当年销售（营业）收入的 5‰。"

因此，该公司业务招待费用最高扣除额为：1 000×5‰=5（万元），无法全部扣除，多出的 10 万元需归入企业所得税纳税基数。

另外，根据《中华人民共和国企业所得税法实施条例》第四十四条的规定："企业发生的符合条件的广告费和业务宣传费支出，除国务院财政、税务主管部门另有规定外，不超过当年销售（营业）收入 15% 的部分，准予扣除；超过部分，准予在以后纳税年度结转扣除。"

据此，该公司广告费和业务宣传费最高扣除额为 150 万元，250 万元的广告宣传费同样无法全部扣除，多出的 100 万元需归入企业所得税纳税基数。

经过招待费和广告宣传费归入调整后的企业应纳税所得额为：100+10+100=210（万元）

企业应缴纳所得税额为：210×25%=52.5（万元）

针对该公司的这种情况，应该如何进行所得税纳税筹划呢？

该公司可以成立一个独立的销售公司，先将产品以 800 万元的价格打包销售给销售公司，销售公司再以 1 000 万元的价格卖出去。

这样，企业原本的业务招待费用和广告宣传费用就可以分摊到两家公司，而两家公司的销售收入则增加到了 1 800 万元。假定其他条件不变，这两家公司的所得税扣除情况如下。

业务招待费最高扣除额为：1 800×5‰=9（万元），无法全部扣除，多出的 6 万元需归入企业所得税纳税基数。

广告费、业务宣传费最高扣除额为：1 800×15%=270（万元），250 万元的广告、宣传费用就可以完全抵扣。

两家公司合计应税所得为：100+6=106（万元）

两家公司应纳所得税额为：106×25%=26.5（万元）

相对筹划前，节省企业所得税额为：52.5-26.5=26（万元）。

案例中的公司由于增设了销售公司，广告费、业务宣传费得以全部税前扣除，业务招待费也得到了最大限度的扣免，企业所得税筹划效果明显。

三、增值税如何做纳税筹划

增值税是一种流转税，营改增之后，增值税成了我国最主要的税种之一，也是最大的税种，增值税的收入占我国全部税收的60%左右。

增值税是以商品（含应税劳务）在流转过程中产生的增值额作为计税依据而征收的一种税。对增值税进行合理筹划，能够增加企业现金流，实现企业价值的最大化。

增值税的筹划，除了可以借助纳税人身份（小规模纳税人和一般纳税人）外，还有以下几种方法。

1. 折扣销售和折让法

企业销售产品或应税劳务时，并不一定按原价销售，为促使购货方多买产品，往往给予购货方较优惠的价格。税法规定折扣销售可按余额作为应税销售额。

| 案例 9-5 |

甲公司为促进产品销售，规定凡购买其产品1 000件以上的，给予价格折扣20%。该产品单价为10元，则折扣后价格为8元。

折扣前应纳增值税额=1 000×10×13%=1 300（元）

折扣后应纳增值税额=1 000×8×13%=1 040（元）

折扣前后应纳增值税额的差异如下：1 300-1 040=260（元）

就这笔业务而言，为纳税人提供了260元的节税空间。

对于折扣销售，税法有严格的界定。只有满足以下三个条件，纳税人才能将折扣余额作为销售额。

第一，销售额和折扣额在同一张发票上分别注明的，可将折扣后的余额作为销售额计算增值税；如果将折扣额另开发票，不论其在财务上如何处理，均不得从销售额中减除折扣额。

第二，折扣销售不同于销售折扣。销售折扣指销售方为了鼓励购货方及早偿还货款，而许诺给予购货方的一种折扣待遇。销售折扣发生在销售之后，是一种融资性质的理财费用，因而不得从销售额中减除。

第三，折扣销售仅限于货物价格的折扣。实物折扣应按增值税条例"视同销售货物"中的"赠送他人"计算征收增值税。

纳税人销售货物后，由于品种、质量等原因购货方未予退货，但销货方需给予购货方的价格折让，可以按折让后的货款作为销售额。

2. 兼营法

兼营，即每个企业的主营业务确定以后，其他业务项目即为兼营业务，是企业经营范围的多样性表现。从税收角度来看，如果企业经营产品涉及不同税率，即可进行纳税筹划。

例如某商贸企业，一般既经营税率为13%的商品，又经营税率为9%的农业用生产资料等。

从事以上兼营行为的纳税人，应当分别核算。

分别核算即意味着税负的减轻。根据《中华人民共和国增值税暂行条例》（2017年修订）第三条规定："纳税人兼营不同税率的项目，应当分别核算不同税率项目的销售额；未分别核算销售额的，从高适用税率。"

如本应按13%和9%的不同税率分别计税，未分别核算的则一律按13%的税率从高计算缴税。

| 案例 9-6 |

某公司属增值税一般纳税人，1月销售钢材90万元，同时又经营农机收入10万元，则应纳税款计算如下：

未分别核算时，应纳增值税=（90+10）/（1+13%）×13%=11.5（万元）

分别核算时，应纳增值税=90/（1+13%）×13%+10/（1+9%）×9%=11.2（万元）

分别核算可以为该公司减轻增值税额0.3万元。

另据《中华人民共和国增值税暂行条例》（2017年修订）第十六条规定："纳税人兼营免税、减税项目的，应当分别核算免税、减税项目的销售额；未分别核算销售额的，不得免税、减税。"因此，如果企业兼营项目中有免税、减税销售额，则应进行分别核算，以享受免税、减税优惠。

3. 增值税减免法

利用减免规定节税，首先要了解哪些项目免征增值税。《中华人民共和国增值税暂行条例》（2017年修订）第十五条规定："下列项目免征增值税：（一）农业生产者销售的自产农产品；（二）避孕药品和用具；（三）古旧图书；（四）直接用于科学研究、科学试验和教学的进口仪器、设备；（五）外国政府、国际组织无偿援助的进口物资和设备；（六）由残疾人的组织直接进口供残疾人专用的物品；（七）销售的自己使用过的物品。"

企业可以利用上述免税具体规定进行税务筹划。

四、老板年底分红如何节税

年末分红，是企业对股东的投资回报，也是老板最高兴的时刻，但面对较高的个人所得税，却又感到头疼。

举例来说，某公司年度经营利润为100万元，假设公司老板一人100%持股，这笔利润分红到老板口袋里还能剩下多少呢？

首先，100万元的利润需要缴纳25%的企业所得税：100×25%=25（万元），剩下75万元的税后利润。

其次，税后利润分红到老板个人账户，还需要缴纳20%的个人所得税：

75×20%=15（万元），最后真正进入老板口袋的分红只有 60 万元。

如果老板是以自然人身份持股公司，在分红时就要依法缴纳个人所得税。根据《中华人民共和国个人所得税法》的规定，个人拥有债权而取得的利息、股息、红利所得，应当缴纳 20% 个人所得税。自然人直接持股的方式，个人所得税筹划的空间几乎为零。

现实中，老板们通常采取向公司借款的方式来规避分红过程中产生的高额个人所得税，《中华人民共和国公司法》（2018 修正）第一百一十五条有规定："公司不得直接或者通过子公司向董事、监事、高级管理人员提供借款。"即公司法并未禁止向股东提供借款，如果股东不是公司的董事、监事和高级管理人员，是可以向公司借款的。

老板或股东向公司借款，需要在一个纳税年度内归还，如果借款未按时归还，又未用于企业生产经营的，会被视为企业对个人投资者的红利分配，同样需要缴纳 20% 的个人所得税。因此，这种方式不仅不能达到节税的目的，反而会带来税务风险，老板向企业违规借款在金税三期面前，基本一查一个准，建议老板们今后还是不要冒这个险。

规避个人所得税的方式，除了我们前文所提到通过持股平台（投资公司等）来持股外，还可采取以下方式来进行税务筹划。

1. 给老板（股东）发工资

如果老板（股东）也在公司任职，就可以按普通员工为其发放工资，以降低税前利润，减少企业所得税和个人所得税支出。

2019 年个税改革后，员工的工资薪金按照七级累进制进行计算，适用税率 3%～45%，还可以申请专项附加扣除，降低税负，但筹划时应特别注意发放的工资金额的适用税率，不宜过高。

如何把握好中间的尺度？其实有一个临界点，只要工资的个税缴纳数额不超过分红形式所缴纳的个税额度，就可以采纳。

正常情况下，老板（股东）领取的工资只要综合税负低于 40% 都是合算的，在目前的市场环境下，给予老板（股东）发放年薪 50 万～60 万元是完全合理的，且能达到节税目的，具体还需要结合企业的经营情况、盈利情况，可由内部财务人员进行更精确的计算。

2. 购买资产

企业税后利润，可以不进行分红，既可以用于企业扩大再生产，也可以公司的名义购买汽车、房屋等资产，但是由老板（股东）个人使用，购置发票的增值税还可以进行抵扣，同时，购车的成本还可摊入折旧，计入公司的成本费用，减少企业所得税和个人所得税。

以公司名义购置的车辆，所有权属于公司，一旦公司遇到破产清算，需要被拿来偿债。如果以公司名义购买房产，也无法进行商业贷款，同时需要缴纳契税（无法享受优惠，通常按最高税率征收）和房产税。

3. 将业务外包

比如，A 公司老板可以另外注册一家公司或工作室 B，然后将业务外包给 B。A 公司将酬劳支付过去之后就成了 B 的收入，对于 A 公司来说，就减少了一部分的企业所得税。

五、电商法实施后，线上卖家如何节税

2020 年 12 月 10 日，国家税务总局发布《2020 年电子商务税收数据分析应用升级完善和运行维护项目中标公告》，公告中称，中标单位将在 6 个月的时间内完成国家电子商务的税收数据分析系统的开发和部署工作。

该公告表明，对电商行业进行大数据征管的系统即将上线，对电商的全面征税即将展开。

线上买家应当如何面对这种局面并进行合理的税务筹划呢？

1. 合理选择法人企业或非法人企业

需要注册公司的线上商家，可根据自身情况和定位来选择法人企业或非法

人企业,其区别见表 9-3。

表 9-3 法人企业和非法人企业的区别

类 别	种 类	征 收 方 式
法人企业	有限责任公司 股份有限公司	查账征收,企业需要有账本和发票,先交增值税、企业所得税,分红时再交个人所得税
非法人企业	个体工商户 个人独资企业 普通、有限合伙企业	核定征收,无须缴纳企业所得税,只需缴纳增值税和经营所得的个人所得税

非法人企业的纳税是根据全年应纳税所得额来进行征收的,只需根据经营所得,交个人所得税即可。不同的额度,对应不同的税率(表 9-4)。

表 9-4 非法人企业纳税额度一览表

级 数	全年应纳所得税额	税 率	速算扣除数
1	不超过 30 000 元的	5%	0
2	超过 30 000 元至 90 000 元的部分	10%	1 500
3	超过 90 000 元至 300 000 元的部分	20%	10 500
4	超过 300 000 元至 500 000 元的部分	30%	40 500
5	超过 500 000 元的部分	35%	65 500

相对而言,法人企业纳税征收比较严格,采用查账征收的方式来征税,对于发票的要求也比较高。

选择哪一种企业更有利于节税呢?答案不是绝对的,要基于商家的实际收入情况,增值税是都需要缴纳的。非法人企业一旦盈利,当年就要缴纳个人所得税。而法人企业的个人所得税则只有在分红时才缴纳,不分红就无须缴纳。

2. 做好税务登记

开网店的自然人能否享受增值税的优惠政策,主要看是否做了税务登记。

根据规定,自然人持续开展业务,办理税务登记或临时税务登记,并选择按期纳税的,就可以享受增值税的优惠政策。

自然人不经常发生应税行为,尚未办理税务登记或临时税务登记,不能享受增值税的优惠政策。

网店要想实现合理节税,首先要做好税务登记。

3. 杜绝刷单

电商行业历来有"刷单找死，不刷等死"的说法。无论淘宝、天猫或京东、拼多多，商家和产品在网页的排名都和产品成交量有直接关系，因此，为了提升排名，同时让成交数据更好看，大多商家都会进行刷单，即请专业的刷单手，由商家提供购买商品费用，刷单手对特定商品下单后，商家以非订单商品的小礼品发货，刷单手收到快递后填写虚假好评。

在各大电商平台，刷单早已形成了一条成熟、完善的利益链条。用户帮忙刷单赚点小外快，商家获得销量和好评，物流通过运单获取了利益，平台获得了流量和成交额，皆大欢喜。

近年来大火的直播带货，更是将刷单和数据造假发挥到了新境界，网红的直播间动不动带来数千万、上亿的成交数据，实际上其中大部分都是泡沫，作假更容易，直播运营方可以通过更改直播间观看人数、销售量、售后评价等数据来夸大直播带货数据。

2020年11月，歌手杨某就被曝出直播带货120万元，但实际成交仅4万元。主持人汪某和脱口秀演员李某也由于直播间刷单现象严重而被中国消费者协会批评。

电商、直播带货领域的刷单和数据造假涉嫌的是非法经营，但随着电商征税的推进，刷单行为将会面临巨大的税务风险。

近期，税务机关只是向电商企业发送了"风险自查提示"或"税收风险更正提示"，而且针对的是B2C模式的电商企业，并未针对C2C模式的个人电商。对于"刷单补税"该如何补，也没有给出具体的要求或指导。

一旦要求刷单补税，对电商企业而言，将成了真正的"吹牛也要上税"了，刷单带来的本就是不存在的收入，如果因此而补税，得不偿失。

按照现行税法，对于B2C模式的电商企业，需要补缴的主要是增值税、企业所得税及滞纳金。凡销售货物及服务都需要交增值税，以公司的年销售额500万元为界限，增值税分一般纳税人和小规模纳税人，一般纳税人适用最高税率是13%，小规模纳税人一般适用税率为3%；企业所得税为企业利润部分（即销售收入减去成本）的25%。

电商的应纳税金额是根据企业经营收入确认的，即使线上买家并不要求开具发票，商家仍需缴纳该收入的税款。

4. 利用税收优惠区进行筹划

例如，在税收优惠区成立采购公司，加大进项成本，将多余的利润留在税收优惠区，可以实现节税。在税收优惠区成立电商平台公司，把主要销售额留在税收优惠区，利润也可以在税收优惠区得到节税。

5. 分散销售法

分散销售法即通过多注册几家小规模纳税人，多开几家网店，营业收入以不超过小规模纳税人界定标准为限，以实现节税的方法。

这种方式的弊端是操作起来有点麻烦，且不利于将网店做大，不利于规模经济的发展。

六、规节税务筹划中的风险

税收筹划在给企业带来实际利益的同时，也暗含着相当大的风险。如果无视税收政策和相关法律规定，不在法律许可的范围内操作，而进行盲目的税收筹划，结果往往会事与愿违，也许能在短期内为企业达到节税的目的，但却可能造成长期的更大损失。

| 案例 9-7 |

"早知如此，当初就不该那样操作啊！"这是 H 市某仪器厂老板赵某对上门检查的税务工作人员说的一句话。

赵某的仪器厂规模不大，主要生产一些分析仪器，以手工加工为主，人工工资所占的比例较高，材料进项抵扣税额少，客户对增值税专用发票的需求量也不大。赵某觉得一般纳税人身份加重了其增值税负担，经过筹划，他于 2020 年 3 月下旬在当地市场监管部门注册成立了一个生产同类产品的小规模纳税人企业，进行了税务登记，原企业仍为一般纳税人。

从 2020 年 4 月开始，赵某分别以两家企业的名义向税务机关申报纳税。2020 年 4 月至 5 月，一般纳税人企业申报销售收入 15 万元，销项税金 1.95 万元，进项税金 1.86 万元，缴纳增值税 0.09 万元；小规模纳税人企业申报销售收入 42 万元，适用 1% 的税率（小规模纳税人增值税税率为 3%，疫情期间减按 1% 征收），缴纳增值税 0.42 万元，两家企业合计缴纳增值税 0.51 万元。

如果全部按一般纳税人企业计算，应纳增值税则为：（15+42）×13%-1.86=5.55 万元，比筹划前多缴 5.04 万元。

赵某认为自己这套纳税筹划方案非常高明。

2020 年 7 月上旬，H 市税务局税源管理人员在对赵某的仪器厂实施税源调查时发现该厂的税务筹划存在几个问题。

第一，经过税务筹划后的两家企业未能分别单独核算，按规定两家企业从材料购进到产品入库、销售均应独立核算，不仅一般纳税人要做到账证齐全、核算完整，小规模纳税人也应做到会计核算清晰。但事实上赵某指使财务人员将所购材料专用发票全部记入一般纳税人账上，使其进项税额全部从一般纳税人销项税金中抵扣，而所属的小规模纳税人所购材料均用白条入账，造成核算混乱。

第二，表面上独立的两家企业，其实生产车间仍然合二为一，业务完全没有分开，无法分清完工产品究竟是属于一般纳税人企业生产的还是属于小规模纳税人生产的。

第三，办税人员发现在小规模纳税人领用的普通发票上均盖了一般纳税人的公章，据了解是由于两家企业对外都是以一般纳税人的名义接洽业务，因此小规模纳税人销售时开具发票的发票联上均盖着一般纳税人公章，而发票记账联仍在小规模纳税人账上反映。于是，税务部门据此认定赵某的企业行为已经构成偷税，并决定追缴其增值税 5.04 万元，处所偷税款 0.5 倍罚款并加收滞纳金。

企业可以通过采用分立的办法来达到降低增值税税负的目的，但企业分立必须是真实存在的，分离后必须是两家独立的企业，如果分而不立，业务流程不清晰，甚至为节税弄虚作假，必然会给企业带来麻烦。

如果有条件，企业应该建立与健全组织机构，规范公司的税务筹划风险管理。设立公司专职税务管理机构，建立税务风险防范与控制机制。因为，税务风险管理的专业性与技术性，决定了这种工作只有专业的机构和人员才能胜任，让外行负责，效果只会适得其反。这种机构，一是用来负责税务风险管理的规划、方案的制订，也负责对决策的组织、实施及对税务风险的处理。二是用来落实税务管理机构的职责与权限，建立内部税务风险责任追究机制。

必要的时候，企业可以设置首席税务官（chief tax officer）一职，界定首席税务官应该向谁汇报的问题，可以是财务总监或老板。这个问题的处理具体要根据企业的内部机构设置来进行，在笔者看来，首席税务官应向老板报告，对老板直接负责，这样企业税务部门更具独立性，更能体现老板对税务风险管理的关注程度。

对于由内部税务部门提出的税务建议，老板应在外部税务律师的帮助之下，提出如下问题，并根据所得到的回答审慎识别相关的税务风险。

第一，该税务建议在多大程度上可以合理论证？

第二，税务机关不同意该税务建议的可能性有多大？

第三，如果该税务建议被推翻，对公司的负面影响（包括税款、罚款或利息、刑事责任）有多大？

第四，如果因该税务建议而与税务机关产生争议，那么，就该争议与税务机关达成妥协的可能性有多大？妥协的条件是什么？

第五，税务机关发现因该税务建议引发的税务事宜的可能性有多大？在多大程度上，会因此而引发公司整体税务风险上升和全面税务检查？

第六，考虑到可能引发的税务风险，是否主动联系税务机关以寻求主管税务机关（直至最高税务行政机关）事先指导？如果税务机关给出否定意见，是否值得冒险？

第七，如果已经根据税务建议而完成了交易，那么，是否考虑在税务申报前直接与税务机关商谈，以期建设性地处理与税务机关可能发生的分歧并减轻税务处罚？

第八，税务建议是基于某项实际交易还是基于如何实施某项交易？如果是基于如何实施某项交易，那么，最终交易实施过程中的任何变化都可能会影响最初税务建议的合法有效性。

当然，很多小公司并不具备成立专职税务管理机构甚至设立首席税务官一职的客观条件，即使是这种情况下，企业也可以充分整合各方资源，有所作为，可以有效借助第三方中介服务机构等"外脑"来为企业提供专业税务服务，进行税务筹划，做好筹划过程中的风险控制与风险规避。

借助外部中介机构的专家来为企业进行税务筹划，是能够切实降低税务风险的，但现实中有些短视的企业，往往不舍得花服务费，导致"捡了芝麻，丢了西瓜"，这种事屡见不鲜。还有一些企业出于贪图便宜的心理，为了节省费用，会选择一些没有任何合法资质的中介机构，结果不仅不能给企业"消灾"，反而会招惹更大的税务风险。

企业纳税人想借助第三方中介服务机构来进行税收筹划以减轻税负的出发点并没错，但前提是应该选择那些有合法资质的中介机构，来为企业提供完善的内部税务报告，并提出合理的税务筹划措施。

企业内部税务报告，可由企业内部的相应机构和人员提出，也可由外部税务中介服务机构出具，它的具体内容一般包括以下几方面。

第一，企业是否存在税务风险。如果存在，已采取哪些流程或控制措施用以降低税务风险？已制定哪些策略以减少未来风险？已受到或将受到哪些税务处罚？

第二，企业是否收到税务检查通知或正在接受税务检查。如是，税务检查的范围如何？已采取或将采取哪些流程来配合税务检查？已被要求或将被要求做哪些披露？可能的税务处罚（包括利息）在何种范围内？

第三，企业是否与税务机关存在税务争议及争议解决的可能性？是否有合理论证的税务立场？是否有缴税和罚款的可能性？

第四，正在进行的税务诉讼的进程如何？

第五，是否有重大的税制改革？

第六，企业是否签署或准备签署重大交易合同及与之相关的税务风险水平如何，是否收到或即将收到与此重大交易相关的合适的税务建议，该税务建议的实施策略及其在多大程度上提高整体风险水平？

第七，企业是否产生损失？如产生损失，是否有令税务机关满意的解释？

第八，企业的财务业绩或税务业绩是否较之以往有重大变化？如是，产生这些重大变化的原因为何？

第十章

财税风险管控：
用"内控"去防范"风险"

企业最大的风险不仅有经营风险，还有财税风险，以及不能够清醒认识财税风险的风险。战略风险影响企业成败，财税风险决定企业生死。企业财税风险管控需要建立在完善的内控机制和财税合规基础之上。

一、最容易招致财税风险的四种行为

小企业的老板们常常忙于公司业务，疏于了解公司经营过程中的财税状况，但公司所有经营活动都是以财务记录为基础，有些财税上的小问题极其容易被忽略，一旦不注意就很容易吃大亏。比如以下四种容易给企业带来财税风险的行为。

1. 随意从公司借（拿）钱

公司经营遇到困难时，老板会拿自己的钱放入公司，以渡过难关。同理，当老板需要用钱时，也会理所当然地从公司账户上借钱，但又不按期归还。

国家税务总局财税〔2003〕158号文《财政部 国家税务总局关于规范个人投资者个人所得税征收管理的通知》第二条规定："纳税年度内个人投资者从其投资企业（个人独资企业、合伙企业除外）借款，在该纳税年度终了后既不归还，又未用于企业生产经营的，其未归还的借款可视为企业对个人投资者的红利分配，依照'利息、股息、红利所得'项目计征个人所得税。"

根据以上规定，老板从公司借（拿）的钱，在每年的12月31日前必须还给公司，如果没有还给公司，则视同自动分红，需要缴纳20%的个人所得税；如果既没有还给公司，也没有缴纳20%的个税，那么就涉嫌职务侵占罪，是触犯刑法的。

老板经常直接从公司借钱，会使公司资产负债表上的其他应收款项目金额越来越大，金税系统将会对此进行自动预警，提示报表异常，会引起税务机关的关注或稽查，风险极大。

2. 随意为别人开证明

小公司老板喜欢给别人开证明，在日常生活中，办理信用卡需要收入证明，买房按揭需要收入证明，考证需要工作证明，就业需要离职证明等。当面对此类需要的时候，在大中型企业中会有专职 HR（人力资源部门）来应对，可小公司的老板们，一方面是感觉无所谓，另一方面也是想卖个人情，于是会大开方便之门，随意为别人开具证明。却不知，乱开证明可能会给公司招来严重的法律后果。

┃案例 10-1┃

刘某，某公司销售，2020 年初计划在某市买房，前往银行办理贷款按揭时被要求提供收入证明。

刘某和公司的劳动合同中，约定的月工资为不低于 5 000 元。算上销售提成，实际收入在 8 000 元左右。但是，银行按揭贷款要求月收入不能低于 10 000 元。

刘某就此向公司提出了虚开高收入的请求，老板考虑到员工买房的实际需求，就大方地为其开了 10 000 元/月的收入证明。

几个月后，刘某辞职。公司竟收到了来自刘某的仲裁申请书，请求仲裁委裁决公司补足长期拖欠的工资，其中的重要证据就是先前盖章的收入证明。刘某依据手中 10 000 元的月收入证明，要求公司补足其中差额部分。

最终，仲裁委在公司没有其他证据反驳的情况下，将用人单位出具的收入证明作为认定员工工资收入数额的合法证据，支持了刘某的仲裁请求。

这是一起公司随意为员工高开收入证明而引发诉讼的案例，老板的好心反而让公司陷入官司。

员工的工资收入证明、离职时间证明和离职原因证明等都不可随意开具，对于非公司员工的外部人员主张的各种证明，更要断然拒绝。

但当员工有正当的理由要求企业开具证明时，企业需要积极配合，但要做到以下几点。

第一，确保证明内容的客观真实，不可弄虚作假。

第二，尽量写清证明的真实用途。

第三，对于加盖了公章出具的证明要做好登记备案。

如此才能更好地维系社会的诚信体系，同时让公司避免陷入不必要的法律纷争。

3. 随意帮人挂靠社保

有些小公司也很喜欢帮别人挂靠社保关系，甚至不乏将此当作生财之道者，收取一定的服务费为别人挂靠社保关系。随意帮别人挂靠社保属违法行为，风险很大。

按照《中华人民共和国社会保险法》的规定，用人单位必须和劳动者有正常用工或劳动关系，才可以给员工缴纳社保。如果没有劳动关系而为别人挂靠社保，实际上是以欺诈、伪造证明材料或者其他手段违规参加社会保险的行为。如果涉嫌欺诈骗保，数额较大，甚至有可能触犯刑法。

2019年，人力资源和社会保障部出台了《社会保险领域严重失信人名单管理暂行办法》，明确规定将"以欺诈、伪造证明材料或者其他手段违规参加社会保险，违规办理社会保险业务超过20人次或从中牟利超过2万元的"用人单位、社会保险服务机构及其有关人员、参保及待遇领取人员列为社会保险严重失信人名单。帮别人挂靠社保的企业有被列入失信名单的风险。

2020年11月1日起，社保正式入税。社保数据将不再以企业提供数据为基础，而是根据金税系统数据库记录的数据为准。也就是说，企业员工发了多少工资，所发工资应承担的个税、应缴纳的社保数据均已被监控。原先的挂靠社保（不发放工资、只缴纳社保费用）的行为已经行不通。

4. 随意为他人做担保

公司经营中，可能会遇到朋友或熟人的公司贷款需要担保人，老板们碍于情面或者利益关系，在"这只是规定要求，走一下程序""一定会按时还钱，肯定不会让朋友吃亏"的说辞下，轻易就为他人做了担保。

一旦对方逾期不还，根据法律规定，担保人是要承担连带责任的，要为被担保方偿还债务。因此，老板们一定要谨慎对外提供担保，能不提供的绝不提供。

二、两套账的风险怎么破

两套账在小公司中属于比较普遍的现象，对于同一会计主体、同一个会计期间发生的经济业务，每套账会做不同取舍，使用不同的会计核算方法，导致每套账的会计报表结果不一样。

企业做两套账的目的无外乎两个。

第一，少缴税。企业为了达到逃节税款的目的，就在外账上做文章，如收入不入账、将收入做低、将库存做大。如果客户不需要发票，企业就可以用现金收款或老板私人账户收款的方式来隐瞒销售收入，达到少交增值税和企业所得税的目的。由于销售收入没有得到确认，成本自然也无法得到确认，库存于是就变大。还有企业会通过将成本和费用做高的方式，来降低利润，减少所得税支出。因此，做两套账的企业都有一个共性——利润水平低、税负率低。

第二，融资需要。某些企业出于融资的考虑，也会在外账上做文章，目的是给投资人提供一份看上去非常诱人的报表，使其看到企业的高增长性和发展前景。但这种经过粉饰的报表和企业实际收入、利润是存在巨大差异的，只不过是为了糊弄投资人，骗得投资款。

在金税系统的全面监控下，两套账的风险也早已今非昔比、越来越大。

1. 税法风险

从税务角度讲，如果公司被税务机关发现由于做两套账少交税、偷税或者漏税，需要依法补缴相应税款，且每天要加征万分之五的滞纳金，还要处以 0.5 倍到 5 倍的罚款。

2. 刑法风险

通过两套账隐瞒收入、逃税，除了补税、罚款和缴纳滞纳金之外，如果达到刑法认定的标准，还会涉及"逃税罪"。

《中华人民共和国刑法》（2020修正）第二百零一条规定："纳税人采取欺骗、隐瞒手段进行虚假纳税申报或者不申报，逃避缴纳税款数额较大并且占应纳税额百分之十以上的，处三年以下有期徒刑或者拘役，并处罚金；数额巨大并且占应纳税额百分之三十以上的，处三年以上七年以下有期徒刑，并处罚金。"

逃税罪有一个宽限条件，并非第一次触及就认定逃税罪。企业有上述行为，经税务机关依法下达追缴通知后，补缴应纳税款，缴纳滞纳金，已受行政处罚的，不予追究刑事责任，但是，五年内因逃避缴纳税款受过刑事处罚或者被税务机关给予二次以上行政处罚的除外。

3. 会计法风险

《中华人民共和国会计法》（2017修正）对私设账簿的处罚作出了规定。

第四十二条规定："违反本法规定，有下列行为之一的，由县级以上人民政府财政部门责令限期改正，可以对单位并处三千元以上五万元以下的罚款；对其直接负责的主管人员和其他直接责任人员，可以处二千元以上二万元以下的罚款；属于国家工作人员的，还应当由其所在单位或者有关单位依法给予行政处分：（一）不依法设置会计帐簿的；（二）私设会计帐簿的……有前款所列行为之一，构成犯罪的，依法追究刑事责任。会计人员有第一款所列行为之一，情节严重的，五年内不得从事会计工作。"

第四十三条规定："伪造、变造会计凭证、会计帐簿，编制虚假财务会计报告，构成犯罪的，依法追究刑事责任。有前款行为，尚不构成犯罪的，由县级以上人民政府财政部门予以通报，可以对单位并处五千元以上十万元以下的罚款；对其直接负责的主管人员和其他直接责任人员，可以处三千元以上五万元以下的罚款；属于国家工作人员的，还应当由其所在单位或者有关单位依法给予撤职直至开除的行政处分；其中的会计人员，五年内不得从事会计工作。"

私设账簿，不仅公司要面临税务风险和刑事风险，会计人员也要受牵连。

4. 现金交易风险

企业做两套账隐瞒收入的一个常见手法是现金交易，或者通过老板、股东或财务人员的个人银行卡等形式以现金名义与企业挂往来账等。

根据《国务院办公厅关于完善反洗钱、反恐怖融资、反逃税监管体制机制的意见》(国办函〔2017〕84号)的规定，个人账户大额和可疑交易，银行、税务共享信息。文件明确了反洗钱行政主管部门、税务机关、公安机关、国家安全机关、司法机关以及国务院银行业、证券、保险监督管理机构和其他行政机关组成的洗钱和恐怖融资风险评估工作组的工作思路，要求各部门发现异常，互相分享信息。

老板、企业财务人员，甚至包括股东个人账户中收支的每一笔款项都会被公安、税务等部门监控。如果企业仍然像过去一样频繁通过老板、股东或财务人员的个人卡进行违法交易，将会受到法律制裁。

5. 信用风险

国家已将打造诚信社会纳入日程，不断加大社会信用体系建设，税务机关将纳税人划分为A、B、C、D四个等级进行分别管理。税务信用等级高的企业，在税务服务、融资贷款等领域可享受相关优惠条件，而税务信用等级低的企业，不仅没有相应的优惠条件，反而会被税务机关重点监控。

即使从融资的角度看，两套账的做法也会得不偿失，一旦企业设置两套账弄虚作假糊弄投资人的事情败露，将严重影响企业信誉，被创投圈列入黑名单。

随着金税系统的不断完善，银行、工商数据共享及国家信用体系建设的完善，做两套账的空间越来越小，以上风险浮出水面的概率越来越大。这种财税背景下，企业如果还坚持做两套账的话，容易被置于盲人骑瞎马的危险境地。

企业两套账的目的性很明确，但手法通常也很拙劣，根本经不起金税系统的推敲，凡是存在两套账的企业通常都会有以下漏洞。

第一，账上现金不多。外账上收入本来就被隐藏，所以不会留太多现金。

第二，利润不高。企业做两套账是为了逃税，因此外账反映的基本都是微利，不会呈现太高的利润。

第三，有异常的往来账户，资金往来会很频繁，主要是用来沟通内外账的。

第四，员工收入水平一般不高，同样是出于节税和少交社保的考虑。

第五，账实不符（收入、成本、库存的配比存在异常）。

不论是出于规避风险，还是为企业长远发展考虑，两套账问题都必须予以纠正，让财务合规。

一是实现两账合一。老板要下定决心解决两套账的问题，实现两账合一，企业财税日常操作要做到以下几方面。

第一，从当下开始，进行规范的财务管理和会计处理，严格按照会计制度和会计准则做账，杜绝隐瞒收入的现象。

第二，从财务到业务统一思路，所有支出一定要取得发票，避免大额支出没有发票入账。

第三，对于和公司无关的支出，应通过股东分红或者第三方借款方式解决资金问题，而非计入第二套账。

第四，逐步将以往未入账的经济事项遵照"实质重于形式的原则"录入会计账，对于跨年的影响数，可通过"以前年度损益调整"进行规范。

第五，对于确认无票收入的要同时结转销售成本，减少库存商品，老板或其他相关人员私户占用的资金转入公司账户或确认为其他应收款。

第六，对于成本费用要按发生时的性质正常入账，没有取得发票的做纳税调整，在补账时，按由近及远的顺序进行。

二是注销新设法。如果企业两套账的问题已经错综复杂、根深蒂固，再加上资料、数据的缺失，很难实现两账统一，很难解决历史遗留问题，怎么办？权衡利弊之后，老板可以考虑将原公司做注销，新设一家公司开始依法合规地建账和纳税，也不失为一种有效的方法。

三、用私人账户节税，公私账户往来混乱

用私人账户收取公款，为企业惯用的"节税"方法，其中的私人账户不仅包括老板的私人账户，还有股东、高管、销售人员、财务人员的私人账户，包括通过公司相关人员支付宝、微信账户收取公款的。

用私户收取公款，看似很聪明，其实是个馊主意。使用私人账户收支公款，风险极大。

案例 10-2

2019年11月,浙江某市税务局第三稽查局查处一起通过"公账私入"手段隐匿企业销售收入的偷税案件。先前该局接到举报,称宁波L商贸公司在销售布料时利用私人账户收取货款,存在匿报销售收入的嫌疑。

该局根据举报信息,对这家商贸公司展开调查,发现该公司虽然在当地进行了工商税务登记,进行财务核算和缴纳税款,但购销业务的实际交易对象却在外地。且该公司销售业务量和流动性大,业务的真实性难以鉴别。通过进一步调查,税务检查人员发现该公司实际经营者的个人银行账户有10多个,资金流动异常,其中有几笔整数的大额资金是同一汇款人所汇,且时间异常集中。

在调查人员的铁证面前,该公司负责人承认了长期使用个人银行账户来接收货款的事实,而这部分收入从未计入公司账目、未申报纳税。第三稽查局依法对该公司追缴税款并处罚款100余万元,并按规定加收滞纳金。

个人账户收公款带来的潜在风险主要有以下几方面。

1. 公私财产不分

公司老板或股东长期利用私人账户收取公司销售产生的公款,直接后果为公司财产和老板个人财产混同,难以区分。一旦公司面临资不抵债的情况,老板将以个人财产承担连带责任,老板对公司的有限责任将会变为无限责任。

2. 税务风险

私人账户收公款,必然存在偷税行为,一旦被查到,除了补缴税款,还要缴纳滞纳金和罚款。根据法律规定,纳税人未按照规定期限缴纳税款的,应从滞纳税款之日起,按日加收滞纳税款万分之五的滞纳金。对纳税人偷税的,由税务机关追缴其不缴或者少缴的税款、滞纳金,并处不缴或者少缴税款的50%以上5倍以下的罚款。

不要小看罚款,它可能远远超出补税的金额,税务机关对演员范某某逃税案开出的罚单是：补缴税款 2.55 亿元、滞纳金 0.33 亿元、罚款 5.96 亿元，共计 8.84 亿元。

3. 财产分割风险

私人账户收取的公款，存在离婚被分割的风险。

公司的公款进入老板的私人账户后，这笔钱究竟是属于公司公款，还是属于老板个人财产，很难说清。即使能说清，恐怕老板也不愿意去澄清。

有媒体曝光过这样一个案例，某公司老总用个人账户收取了 150 万元的公司货款，让他始料未及的是，款项到账后不久，妻子就发起了离婚诉讼，私户收取的公款也被视为夫妻二人的共同财产。老总也是有苦难言，如果举证该款项属于公司的应收货款，那就要面临税务机关的稽查，可能又牵扯出公司的其他涉税问题。权衡利弊之后，这位老板选择了"吃哑巴亏"，同意将其中的 75 万元判给女方。

4. 刑事风险

公司股东利用职务上的便利，私户收取公款，涉嫌以非法占有为目的侵占公司的货币资金，有可能构成职务侵占罪；收取的公司款项若挪作他用，则可能构成挪用资金罪；如果涉嫌洗钱，则有可能构成洗钱罪。

国家对公转私行为的监管越来越严格，税务稽查，不仅要查公司的账户，更会重点稽查公司法定代表人、实际控制人、主要负责人的个人账户。

从 2017 年开始，各地金融机构与税务、反洗钱机构合作力度加大，老板私人账户与公司对公账户之间频繁的资金交易都将面临监控。比如公私账户间频繁、巨额、无正当理由的款项往来通常都会被监控，根据 2017 年 7 月 1 日起施行的《金融机构大额交易和可疑交易报告管理办法》，自然人和非自然人账户中的大额交易和可疑交易（表 10-1）都会被重点监控。

表 10-1　金融机构定义的大额交易和可疑交易

种类	特点
大额交易	1. 当日单笔或者累计交易人民币 5 万元以上（含 5 万元）、外币等值 1 万美元以上（含 1 万美元）的现金缴存、现金支取、现金结售汇、现钞兑换、现金汇款、现金票据解付及其他形式的现金收支
	2. 非自然人客户银行账户与其他的银行账户发生当日单笔或者累计交易人民币 200 万元以上（含 200 万元）、外币等值 20 万美元以上（含 20 万美元）的款项划转
	3. 自然人客户银行账户与其他的银行账户发生当日单笔或者累计交易人民币 50 万元以上（含 50 万元）、外币等值 10 万美元以上（含 10 万美元）的境内款项划转
	4. 自然人客户银行账户与其他的银行账户发生当日单笔或者累计交易人民币 20 万元以上（含 20 万元）、外币等值 1 万美元以上（含 1 万美元）的跨境款项划转。累计交易金额以客户为单位，按资金收入或者支出单边累计计算并报告
可疑交易	1. 短期内资金分散转入、集中转出或集中转入、分散转出
	2. 资金收付频率及金额与企业经营规模明显不符
	3. 资金收付流向与企业经营范围明显不符
	4. 企业日常收付与企业经营特点明显不符
	5. 周期性发生大量资金收付与企业性质、业务特点明显不符
	6. 相同收付款人之间短期内频繁发生资金收付
	7. 长期闲置的账户原因不明地突然启用，且短期内出现大量资金收付
	8. 短期内频繁地收取来自与其经营业务明显无关的个人汇款
	9. 存取现金的数额、频率及用途与其正常现金收付明显不符
	10. 个人银行结算账户短期内累计 100 万元以上现金收付
	11. 与贩毒、走私、恐怖活动严重地区的客户之间的商业往来活动明显增多，短期内频繁发生资金支付
	12. 频繁开户、销户，且销户前发生大量资金收付
	13. 有意化整为零，逃避大额支付交易监测
	14. 中国人民银行规定的其他可疑支付交易行为
	15. 金融机构经判断认为的其他可疑支付交易行为

四、虚开增值税专用发票

增值税作为一种税种，历史并不算太久。在 20 世纪 50 年代由法国最早设立，很快便成为国际上广泛流行的税种。

法国税收专家罗伯伦指出:"增值税的抵扣制像一个人的血液循环系统,抵扣像是心脏促使血液流动,如果不抵扣,就如同一个人的血液循环系统被堵塞了。"

正是由于增值税专用发票存在抵扣税款的功能,区别于普通发票的"现金"价值,为增值税的虚开提供了驱动力。

中国税收征管的特点之一是以票控税,特别是在"营改增"政策实施以来,纳税人想要进行增值税进项抵扣必须取得合法的扣税凭证。

如何取得呢?大部分企业都能遵纪守法,照章办事,依法在交易活动中从上游企业取得增值税专用发票,但总有些企业喜欢铤而走险,走的是旁门左道:虚开增值税发票。在涉税犯罪家族中,虚开增值税专用发票罪是最活跃的核心成员,在实践中发生频率很高。

我国刑法上有虚开增值税专用发票罪这一罪名,虚开增值税专用发票罪是指违反国家税收征管和发票管理规定,为他人虚开、为自己虚开、让他人为自己虚开、介绍他人虚开增值税专用发票的行为。

《中华人民共和国发票管理办法》(2010修订)第二十二条也有关于虚开增值税发票的规定:"任何单位和个人不得有下列虚开发票行为:(一)为他人、为自己开具与实际经营业务情况不符的发票;(二)让他人为自己开具与实际经营业务情况不符的发票;(三)介绍他人开具与实际经营业务情况不符的发票。"

实践中,企业虚开增值税专用发票的手段主要有四种。

1. 空余开票额度虚开

当企业将货物销售给个人、小规模纳税人或其他不需要增值税发票的单位时,企业就省下了发票,产生了空余开票额度。而有些一般纳税人为了偷税,到处求购增值税专用发票用来抵扣。双方一拍即合,用空余开票额度进行虚开的现象于是产生。

2. 有货虚开

企业有自己的经营场地,也有生产设备和产品,但是产品的销售量远远高于实际生产量。企业生产少量产品，只是为了掩人耳目，应对税务检查。其真正目的是通过领票对外虚开谋利，当虚开增值税发票到一定程度，风险越来越高时，企业或注销，或出逃，一走了之。

3. 无货虚开

企业并没有生产或经营发票上对应的产品，但是公司有增值税专用发票，因业务往来或为谋利而向外虚开发票。

4. 票货不一致虚开

比如：企业从供货商 A 处购入产品甲，又从供货商 B 处购入产品乙，乙产品低于市场价，但是供货商 B 无法开具增值税专用发票。恰好供货商 A 处有同乙产品相似的产品，应购货企业要求，供货商 A 便按乙产品的实际交易金额，为其开具产品名称为甲产品的增值税专用发票，这就是所谓的票货不一致，即增值税专用发票开具上的张冠李戴。

增值税是我国第一大税，也是国本，对企业虚开增值税专用发票的处罚也非常重。

《中华人民共和国刑法》对虚开、出售、伪造、购买增值税专用发票罪的有关规定如下：

第二百零五条　【虚开增值税专用发票、用于骗取出口退税、抵扣税款发票罪】虚开增值税专用发票或者虚开用于骗取出口退税、抵扣税款的其他发票的，处三年以下有期徒刑或者拘役，并处二万元以上二十万元以下罚金；虚开的税款数额较大或者有其他严重情节的，处三年以上十年以下有期徒刑，并处五万元以上五十万元以下罚金；虚开的税款数额巨大或者有其他特别严重情节的，处十年以上有期徒刑或者无期徒刑，并处五万元以上五十万元以下罚金或者没收财产。

单位犯本条规定之罪的，对单位判处罚金，并对其直接负责的主管人员和其他直接责任人员，处三年以下有期徒刑或者拘役；虚开的税款数额较大或者有其他严重情节的，处三年以上十年以下有期徒刑；虚开的税款数额巨大或者有其他特别严重情节的，处十年以上有期徒刑或者无期徒刑。

虚开增值税专用发票或者虚开用于骗取出口退税、抵扣税款的其他发票，是指有为他人虚开、为自己虚开、让他人为自己虚开、介绍他人虚开行为之一的。

第二百零五条之一 【虚开发票罪】虚开本法第二百零五条规定以外的其他发票，情节严重的，处二年以下有期徒刑、拘役或者管制，并处罚金；情节特别严重的，处二年以上七年以下有期徒刑，并处罚金。

单位犯前款罪的，对单位判处罚金，并对其直接负责的主管人员和其他直接责任人员，依照前款的规定处罚。

第二百零六条 【伪造、出售伪造的增值税专用发票罪】伪造或者出售伪造的增值税专用发票的，处三年以下有期徒刑、拘役或者管制，并处二万元以上二十万元以下罚金；数量较大或者有其他严重情节的，处三年以上十年以下有期徒刑，并处五万元以上五十万元以下罚金；数量巨大或者有其他特别严重情节的，处十年以上有期徒刑或者无期徒刑，并处五万元以上五十万元以下罚金或者没收财产。

单位犯本条规定之罪的，对单位判处罚金，并对其直接负责的主管人员和其他直接责任人员，处三年以下有期徒刑、拘役或者管制；数量较大或者有其他严重情节的，处三年以上十年以下有期徒刑；数量巨大或者有其他特别严重情节的，处十年以上有期徒刑或者无期徒刑。

第二百零七条 【非法出售增值税专用发票罪】非法出售增值税专用发票的，处三年以下有期徒刑、拘役或者管制，并处二万元以上二十万元以下罚金；数量较大的，处三年以上十年以下有期徒刑，并处五万元以上五十万元以下罚金；数量巨大的，处十年以上有期徒刑或者无期徒刑，并处五万元以上五十万元以下罚金或者没收财产。

第二百零八条 【非法购买增值税专用发票、购买伪造的增值税专用发票罪】非法购买增值税专用发票或者购买伪造的增值税专用发票的，处五年以下有期徒刑或者拘役，并处或者单处二万元以上二十万元以下罚金。【虚开增值税专用发票罪、出售伪造的增值税专用发票罪、非法出售增值税专用发票罪】非法购买增值税专用发票或者购买伪造的增值税专用发票又虚开或者出售的，分别依照本法第二百零五条、第二百零六条、第二百零七条的规定定罪处罚。

虚开增值税专用发票罪的量刑起点也很低，《最高人民法院关于虚开增值税专用发票定罪量刑标准有关问题的通知》（法〔2018〕226号）第二条规定："虚开的税款数额在五万元以上的，以虚开增值税专用发票罪处三年以下有期徒刑或者拘役，并处二万元以上二十万元以下罚金；虚开的税款数额在五十万元以上的，认定为刑法第二百零五条规定的'数额较大'；虚开的税款数额在二百五十万元以上的，认定为刑法第二百零五条规定的'数额巨大'。"

值得注意的是，增值税专用发票是否构成刑法意义上的虚开，要看其是否导致了国家税收损失。不以抵扣税款为目的虚开，不会导致国家税款损失，属于虚开增值税专用发票，但不构成虚开增值税专用发票罪，这种情况主要针对的是业绩型虚开，主要是企业为了虚增经营业绩、方便上市或者融资授信、应对绩效考核等原因而虚开发票，最常见的是对开和环开发票。

例如，A、B公司之间没有真实货物交易，A公司向B公司开具100万元增值税专用发票，B公司再向A公司开具100万元增值税专用发票（对开）；或者在不具有真实货物交易的情况下，甲公司向乙公司开具500万元增值税专用发票，乙公司向丙公司开具500万元增值税专用发票，丙公司再向甲公司开具500万元增值税专用发票（环开）。

这种情况不会导致国家税款损失，行为人主观上也没有抵扣税款的目的，因此不构成虚开增值税专用发票罪。

如何规避虚开增值税专用发票的风险？其实也很简单，只需做到以下四点。

第一，不要为他人虚开增值税专用发票。

第二，不要为自己虚开增值税专用发票。

第三，不要让他人为自己虚开增值税专用发票。

第四，不要介绍他人虚开增值税专用发票。

【工具】企业税务控制流程表

企业税务控制流程表如下表所示。

企业税务控制流程表

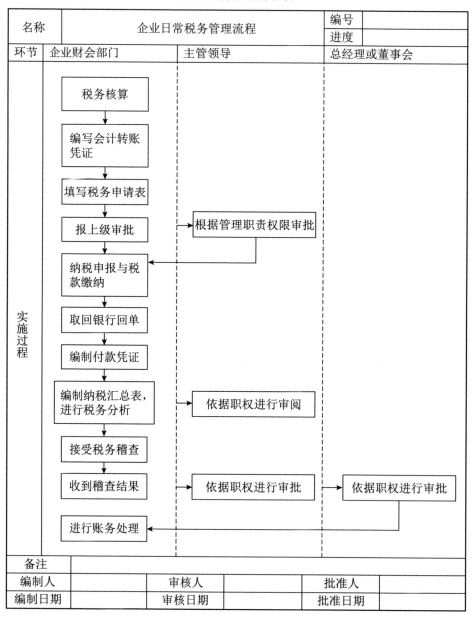

名称	企业日常税务管理流程		编号	
			进度	
环节	企业财会部门	主管领导	总经理或董事会	
实施过程	税务核算 → 编写会计转账凭证 → 填写税务申请表 → 报上级审批 → 纳税申报与税款缴纳 → 取回银行回单 → 编制付款凭证 → 编制纳税汇总表，进行税务分析 → 接受税务稽查 → 收到稽查结果 → 进行账务处理	根据管理职责权限审批；依据职权进行审阅；依据职权进行审批	依据职权进行审批	
备注				
编制人		审核人		批准人
编制日期		审核日期		批准日期

附：企业内部税务控制关键点

企业内部税务控制关键点如下表所示。

企业内部税务控制关键点

序号	关键控制点	负责部门、人员	风险描述	文件凭证	检测方法	备注
（一）	税务规划					
1	确定税务规划方案					
1.1	财务部应当组织专业人员进行税务规划工作，确立税务规划的目标，全面掌握税法的各项规定（尤其是各项税收优惠政策、税收鼓励政策），针对企业的具体情况进行税务规划，并建立多个备选方案，通过分析对筹划备选方案进行修改，筛选最优方案，并提交财务部负责人以及分管领导审批	财务部	未进行税务规划工作，造成公司经营损失	税务规划方案	检查最终税务规划方案是否有财务部门负责人和分管领导签字	
2	税务规划方案的评估					
3	税务规划方案的实施、反馈与调整					
（二）	日常税务管理子流程					
1	税务核算					
1.1	财务部在应纳税事项发生后，在税务机关规定的时限内，及时按计税基数和法定税率进行税务核算	财务部	税务核算不准确，导致资金损失	税务核算结果	检查税务核算结果是否准确	
2	编制会计转账凭证					
2.1	财务部根据税务核算的结果编制会计转账凭证	财务部	未编制会计转账凭证，造成凭证缺失	会计转账凭证	检查会计转账凭证是否有财务部门负责人签字	
3	填写或打印纸质税务申报表					
3.1	根据网上申报的税款，企业税务会计在线填写纳税申报表，在提交给税务部门前，打印纳税申报表，由财务部负责人审核	财务部	未及时填写，导致资料缺失	纳税申报表	检查纳税申报表是否有财务部门负责人签字	
3.2	根据税务柜面申报的税款，税务会计书面填写纳税申报表，由财务部负责人审核	财务部	未及时填写，导致资料缺失	纳税申报表	检查纳税申报表是否经财务部门负责人审核	

续表

序号	关键控制点	负责部门、人员	风险描述	文件凭证	检测方法	备注
4	按权限审批					
4.1	企业管理层按权限对纳税申报表进行审批	管理层	审批缺失，导致监督缺位	纳税申报表	检查纳税申报表上是否有公司管理层签字	
5	税款缴纳					
5.1	税务会计根据审批后的纳税申报表，办理网上申报或柜面申报，组织资金缴纳税款	财务部	未在规定时间内缴纳税款，造成滞纳金	纳税申请表	检查是否按规定缴纳税款	
6	取得银行回单					
6.1	税款缴纳完成后，税务会计应取得纳税的银行回单，柜面申报的还应取得税务部门审核盖章的纳税申报表	财务部	未取得银行回单、纳税申报表未取得税务部门审核盖章	银行回单、纳税申报表	检查是否有银行回单，纳税申报表上是否有税务部门盖章	
7	编制付款凭证					
7.1	财务部根据银行回单和纳税申报表编制付款凭证	财务部	未编制付款凭证，造成凭证缺失	付款凭证	检查付款凭证是否有财务部门负责人签字	
8	定期编制税款缴纳汇总表、税务分析					
8.1	财务部至少每半年编制一次税款缴纳汇总表，经财务部负责人审核后，提交公司管理层。财务部门根据税务部门要求及企业管理要求进行税务分析	财务部	汇总表缺失，造成监督缺位	税款缴纳汇总表、税务分析报告	检查税款缴纳汇总表、税务分析报告是否有财务部门负责人签字	
9	审阅					
10	接受税务检查					
10.1	企业在接到税务检查通知之后，应按照税务部门所要求的程序规则，首先进行税务自查，如果发现了税务的问题，要主动申报，主动更正	财务部	未进行税务自查，未及时发现问题	税务自查报告	检查是否有税务自查报告	

续表

序号	关键控制点	负责部门、人员	风险描述	文件凭证	检测方法	备注
11	收到税务检查结果					
11.1	企业财务部收到税务部门出具的税务检查结果，应及时报企业管理层；如果涉税补缴金额在规定金额（含）以上的、有税收罚款或有纳税争议的情况，必须上报上级单位	财务部	税务检查结果未及时上报	税务检查结果	检查是否有税务检查结果	
12	按权限审批					
12.1	企业管理层按权限对财务部提交的税务检查结果进行审批；涉税补缴金额在规定金额（含）以上的、有税收罚款或有纳税争议的情况，需提交上级单位财务部门，由其进行审批	管理层	税务检查结果未进行审批	税务检查结果	检查税务检查结果是否经过适当审批	
13	账务处理					
13.1	企业财务部根据税务检查结果补缴税款及滞纳金等（如果需要），做相应账务处理	财务部	未根据税务检查结果做账务处理	缴税发票及记账凭证（付款凭证）	检查是否有缴税发票及记账凭证（付款凭证）	
（三）	发票管理子流程					
1	发票的领取					
1.1	财务部应指定专人负责企业发票的领购。申请领购发票的经办人根据开票需求量提出购票申请，提交财务部负责人审批，连同发票领购本和已使用过的发票存根联，经主管税务机关审核后领购发票	财务部	未按照相关程序进行发票的领购	发票领购申请	检查发票领购申请是否有财务部门负责人审批签字	
2	发票开具申请					
2.1	申请开具发票的部门填写发票开具申请单，应注明申请事由、合同号（合同号也可由市场部门填写）和项目名称及编号、发票类型、发票的金额、发票接收人等相关信息，经部门负责人审核通过后，提交至市场部	申请开具发票的部门	发票申请事由不充分	发票开具申请单	检查发票开具申请单上是否有部门负责人签字	

续表

序号	关键控制点	负责部门、人员	风险描述	文件凭证	检测方法	备注
3	审批、登记					
3.1	发票开具申请单经市场部（或具有审批、登记职能的业务部门）审批、登记后，提交财务部门	财务部	审批登记缺失，造成监督缺位	发票开具申请单	检查发票开具申请单上是否有市场部门负责人签字	
4	开具外经证					
4.1	对需要在外地开具发票的业务，由业务部门填写外出经营申请表，连同合同复印件提交至财务部门；财务部据此到主管税务机关开具外出经营活动税收管理证明，并将外出经营活动税收管理证明交业务部门	财务部	外经证缺失	外经证	检查外经证是否完备	
5	开具发票					
5.1	财务部经办人按时限、顺序、逐栏、全部联次一次性如实开具发票，并加盖公司发票专用章或财务专用章。对需要在外地开具发票的业务，由业务部持外经证等相关材料到当地税务部门开具发票，并加盖发票专用章	财务部	未开具发票	已开具的发票存根联、发票登记簿	检查已开具的发票存根联、发票登记簿	
6	发票联转交客户					
6.1	业务部经办人领取发票时在财务部门发票申请表上签字，确认发票已领。将发票联转交给客户时，应要求客户签收；邮寄的，应留有邮寄凭据	业务部门	发票联流转手续不完整，可能造成发票丢失	发票申请表、发票签收单	检查发票申请表上是否有业务部门经办人签字、检查发票签收单上是否有客户签字	
7	账务处理与外经证的核销					
7.1	财务部根据发票的记账联进行账务处理，发票申请单随同发票附在会计凭证后面	财务部	未进行账务处理	会计凭证	检查会计凭证	

续表

序号	关键控制点	负责部门、人员	风险描述	文件凭证	检测方法	备注
7.2	业务人员应该在外经证上的有效期内在业务发生地将开具发票的手续办理完，并将发票及完税凭证交于财务部进行账务处理。财务部将审核无误的发票记账联及完税凭证的原件、复印件及外经证核销表递交税务局进行核销	财务部	未进行外经证的核销	外经证核销留存联	检查外经证的核销是否及时	
8	发票的日常管理					
8.1	财务部指定专人进行发票的登记与保管	财务部	发票保管不当	已开具的发票存根联、发票登记簿	检查已开具的发票存根联、发票登记簿是否妥善保管和存档	
8.2	已开具的发票原则上不予退回。如有特殊情况，应由财务部按照退票流程进行相应处理	业务部、市场部、财务部	发票退回事由不充分	发票退回申请单	检查发票退回申请单是否经业务部门负责人、市场部门负责人、财务部门负责人签字	
8.3	发票如有丢失、被盗的，经办人应于发现丢失、被盗当日书面报告给本部门负责人，经市场部审核后报财务部门，并及时采取有效措施，登报声明作废	市场部、财务部	发票丢失、被盗的风险	书面报告	检查书面报告上是否经市场部门负责人、财务部门负责人签字	
9	发票的缴销					
9.1	财务部在办理变更或注销税务登记的同时，应到税务部门办理发票的变更或缴销手续。任何部门或个人不得擅自损毁发票。已经开具的发票存根联和发票登记簿，应及时存档，按照《中华人民共和国发票管理办法》的规定至少保存五年。保存期满送交税务机关查验、销毁	财务部	未按照规定进行发票的变更或撤销	发票缴销记录	检查发票缴销是否有相应记录